Thomas Staubli

Das Habakukbuch heute lesen

TVZ

bibel **heute lesen**

Die Johannesoffenbarung heute lesen, Michael Heymel, Zürich 2018
Das Markusevangelium heute lesen, Klaus Bäumlin, Zürich 2019
Das Johannesevangelium heute lesen, Michael Heymel, Zürich 2020
Den 1. Johannesbrief heute lesen, Karl-Siegfried Melzer, Zürich 2021
Die Urgeschichte (Genesis 1–11) heute lesen, Klaus Bäumlin, Zürich 2021
Die Samuelbücher heute lesen, Walter Dietrich, Zürich 2022
Das Unservater heute lesen, Jean Zumstein, Zürich 2023
Das Richterbuch heute lesen, Heinz-Dieter Neef, Zürich 2023
Das Exodusbuch heute lesen, Konrad Schmid, Zürich 2023
Das Jesajabuch heute lesen, Andreas Schüle, Zürich 2023
Das Nahumbuch heute lesen, Nesina Grütter, Zürich 2024
Das Jonabuch heute lesen, Benedikt Hensel, Zürich 2025
Das Amosbuch heute lesen, Dirk Sager, Zürich 2025
Die Bibel als geselliges Buch heute lesen, Klaus Bäumlin, Zürich 2025

Thomas Staubli

Das Habakukbuch heute lesen

TVZ
Theologischer Verlag Zürich

Der Theologische Verlag Zürich wird vom Bundesamt für Kultur für die Jahre 2026–2028 mit einem Strukturbeitrag unterstützt.

Bibliografische Information der Deutschen Nationalbibliothek
Die Deutsche Nationalbibliothek verzeichnet diese Publikation in der Deutschen Nationalbibliografie; detaillierte bibliografische Daten sind im Internet über http://dnb.dnb.de abrufbar.

Umschlaggestaltung
Simone Ackermann, Zürich
Bild: Gürtelschnalle aus einem merowingischen Grab in Mâcon (Saône-et-Loire) aus der 2. Hälfte des 6. Jh. © GrandPalaisRmn (Musée d'archéologie nationale) / Mathieu Rabeau (MAN17698)

Druck
gapp print, Wangen im Allgäu

ISBN 978-3-290-18775-0 (Print)
ISBN 978-3-290-18776-7 (E-Book)

Lernt
von den
Blumen!

Inhalt

Vorwort

«Das ist doch alles Habakuk!» Der volkssprachliche Ausdruck, der in manchen Gegenden der deutschsprachigen Schweiz – aber kaum darüber hinaus – bekannt ist, hat die Bedeutung von «das ist doch alles Quatsch, Humbug». Das schweizerische Idiotikon listet ihn nicht auf, wohl aber die Redeweise «das ist doch alles Hafenkäse», die exakt dieselbe Bedeutung hat. Es ist daher zu vermuten, dass in bibelfrommen, vielleicht eher städtischen Kreisen, wo man mit dem Wort Hafenkäse nicht mehr viel anfangen konnte, «Hafenkäse» zu «Habakuk» verballhornt wurde – mit dem positiven Effekt, dass zumindest dem Namen nach Habakuk in weiten Kreisen ein Begriff geblieben ist. In diesem Kommentar freilich geht es um das, was uns der Prophet dieses Namens hinterlassen hat.

Zu danken habe ich herzlich Marianne Braunschweig, Daniel Brühlmeier, Nesina Grütter, Jacob Schädelin, Hans-Peter Sieber und Johanna Thali, für wertvolle Rückmeldungen und Anregungen zum Manuskript, sowie allen Teilnehmenden des 3. Lenkkurses im Herbst 2025, der Habakuk zum Thema machte. Für die Betreuung seitens TVZ danke ich den Lektorinnen Bigna Hauser und Corinne Auf der Maur sowie der Grafikerin Simone Ackermann. Gewidmet ist das Büchlein meiner geliebten Frau, Layla Ibrahim, die zu den vielen gehört, die aufgrund der Unerbittlichkeit der Imperien ihre Heimat in Syrien verloren haben. Eben diese Unerbittlichkeit thematisiert Habakuk.

Einleitung

Das kleine Prophetenbuch ist von erschreckender Aktualität. Sein Thema ist die Erfahrung von Gewalt auf allen Ebenen unter dem Druck des babylonischen Imperiums: Physisch, psychisch, strukturell, kulturell, ökologisch. Anders als die meisten heutigen Menschen in Westeuropa, die glauben, ohne Gott auskommen zu können, hadert Habakuk mit Gott. Er kann in dem, was er sieht, keinen sinnvollen Plan Gottes mehr erkennen. Schärfer als je ein Prophet vor ihm konfrontiert er die Gottheit damit, dass man zum Schluss kommen könnte, sie habe sich auf die Seite der Bösen geschlagen. Noch vor Hiob fordert hier ein leidender Gerechter Gott heraus. Und wie später bei Hiob antwortet Gott nicht nur mit Worten, sondern erscheint gewissermassen am Ende in majestätischer Gestalt in den bildermächtigen Worten uralter Hymnen.

Im Zentrum des Buchs steht ein aus nur wenigen Worten bestehendes Orakel, das Habakuk vermutlich im ausgehenden 7. Jh. v. Chr. auf eine Holztafel schrieb. Durch ihn selber oder seine Schülerinnen und Schüler wurde das Orakel eingebettet in Worte über bedrohliche Feinde, über Gott und die Menschen, die Habakuks Worte hören sollten. Einige dieser Worte haben die Form von Wehesprüchen. Im zweiten Teil des Buchs findet sich ein Gebet, das in archaischer Form und Sprache abgefasst ist. Es handelt vom Kommen Gottes und gehört zu den aussergewöhnlichsten Texten des Ersten Testaments. Die vermutlich auf einer Papyrusrolle überlieferte Schrift Habakuks wurde in eine allmählich entstandene Sammlung kleinerer Prophetenschriften eingefügt, die ab dem Ende des 3. Jh. v. Chr. als Zwölfprophetenbuch abgeschlossen vorlag und bereits wenige Jahrzehnte später im ägyptischen Judentum ins Griechische übersetzt wurde.

Es fehlt nicht an Kommentaren zum Büchlein Habakuk. In den letzten zweihundert Jahren sind allein im deutschen und angelsächsischen Sprachraum über siebzig davon erschienen. Vieles, was hier in möglichst verständliche Worte gefasst wird, verdankt sich diesen Vorläufern. Nebst einer zugänglichen Sprache (fremdartige Begriffe werden im Glossar erläutert) bietet dieser kleine Kommentar aber noch zwei andere Besonderheiten. Erstens werden zur Deutung der Worte Habakuks auch Bilder aus seinem Kulturkreis bzw. aus seiner Epoche verwendet und zweitens handelt es sich um eine Auslegung, die den Kontext der heute Lesenden mitbedenkt (⟶ Habakuk im Fluss der Imperialismuskritik). Die Exegese, besonders die deutschsprachige, ist getrieben von literarkritischer Analyse und dem Wunsch nach exakter Rekonstruktion der Textgenese mit allen redaktionellen Bearbeitungen (⟶ Geschichteter Text oder Collage?). Dabei kommen die Frage, welche Kontexte uns bei der Lektüre prägen und leiten, und die Frage, welche Kontexte die Verfasserinnen und Verfasser der biblischen Texte geleitet und geprägt haben könnten, oft zu kurz.

1 Die Zeitumstände Habakuks: Babylon im Vormarsch

Zwar wissen wir kaum etwas über Habakuk selber, doch über die Epoche, in der er lebte, ist einiges bekannt. Habakuk erlebte im ausgehenden 7. Jh. v. Chr. das Aufblühen der babylonischen Vorherrschaft über den gesamten Nahen Osten mit all seinen Folgeerscheinungen für die Stadtstaaten und ihre Bewohnerinnen und Bewohner.

Babylon unter assyrischer Vorherrschaft
Babylon war schon über tausend Jahre früher ein erstrangiges Kulturzentrum. Mit dem altbabylonischen Reich (ca. 1900–1600 v. Chr.) sind weltberühmte Texte wie der Kodex Hammurapi oder das Weltschöpfungsepos «Enuma Elisch» verbunden. Die assyrische Vorherrschaft über weite Teile des Zweistromlandes im 8. und 7. Jh. v. Chr. war daher für das stolze Babylon schwer zu verkraften. Unter Sanherib kam es zu babylonischen Aufständen, denen auch der Sohn Sanheribs zum Opfer fiel. Der gekränkte Herrscher liess daraufhin Babylon belagern. Er eroberte es 689 v. Chr. Die Oberschicht liess er teils töten, teils deportieren. Ja, er liess sogar den Euphrat umleiten über die Ruinen der Stadt, um sie für immer der Vergessenheit anheimfallen zu lassen. Sanheribs Nachfolger Esar-Chaddon wollte dieses beispiellose und angesichts der Bedeutung der Tempel Babylons auch aus assyrischer Perspektive gottlose Vorgehen wieder gutmachen. Er investierte in den Wiederaufbau und die Wiederbesiedlung Babylons und liess die deportierten Götterstatuen in ihre restaurierten Tempel zurückbringen. In Babylon setzte er seinen ältesten Sohn Schamasch-schum-ukin als König ein. Doch seine Versöhnungspolitik führte nicht zu einem dauerhaften Frieden.

Vielmehr begann Schamasch-schum-ukin mit Verbündeten, seinen jüngeren Bruder Assurbanipal in Ninive zu bekriegen. Der Konflikt endete 648 v. Chr. in der erneuten Eroberung Babylons. Doch der Krieg hatte an Assurs Kräften gezehrt und zugleich die Identität des multikulturellen Stadtstaates Babylon gestärkt.

Das Aufkommen der Neubabylonier

Unter dem Chaldäerscheich Nabopolassar wurden die Assyrer aus dem südlichen Zweistromland allmählich vertrieben. Unterstützt durch die Meder, wurde 612 v. Chr. die assyrische Hauptstadt Ninive erobert. 610 v. Chr. fiel auch das religiös und strategisch bedeutende Haran an die Babylonier. Jetzt unterstützten die Ägypter ihrerseits die Assyrer mit einem grossen Heer und gewannen Haran zurück. Sie versuchten offensichtlich im Zweistromland ein Gleichgewicht des Schreckens zwischen Assur und Babylon zu befördern, um selber ungestört in der Levante herrschen zu können. Als Pharao Necho 609 v. Chr. mit seinen Truppen auf dem Weg nach Karkemisch war, widersetzte sich ihm bei Megiddo der probabylonisch eingestellte judäische König Joschijahu. Er wurde dort von Necho ermordet oder hingerichtet (2Kön 23,29).

Juda zwischen den Fronten

Joschijahu war ein vom staatstragenden Landvolk hochgeschätzter König. Sein Name war eng verbunden mit einer Gesetzesreform (vgl. 2Kön 22,1–23,30 und Dtn 12–25), basierend auf einer Urform des Deuteronomiums. Sein Schlachtentod verlieh den antibabylonischen Kräften in Jerusalem Auftrieb. Es war der Anfang von Turbulenzen, die sich bis zum Fall Jerusalems nicht mehr beruhigen sollten. Das Landvolk bestimmte, statt des Kronprinzen Eljakim, Sohn der Galiläerin Sebudda, dessen jüngeren Halbbruder Jehoachas, Sohn der Chamutal aus der Schefala, zum König. Necho aber setzte ihn gleich wieder ab, liess ihn nach Ägypten deportieren, wo er starb. Er machte den übergangenen Kronprinzen Eljakim zum König und gab ihm den Namen Jehojakim (2Kön 23,31–24,7). Eljakim alias Jehojakim regierte auf pompöse Weise im ägyptischen Stil und kümmerte sich nicht um die neue Verfassung des Landvolkes (Ur-Deuteronomium).

Babylons Triumph und Jerusalems Kapitulation
Währenddessen ging das Ringen um die Vorherrschaft über die Levante zwischen Ägypten und Babylon weiter. 605 v. Chr. siegten die Babylonier unter Nebukadnezzar bei Karkemisch am Eufrat endgültig über die mit Ägypten verbündeten Assyrer. Die probabylonischen Kreise Jerusalems, zu denen allen voran der Prophet Jeremia gehörte, feierten den Sieg über Ägypten hymnisch-sarkastisch (Jer 42,2–12). Jehojakim zeigte sich Babylon gegenüber zunächst unterwürfig. Als jedoch die Babylonier in Ägypten auf Widerstand stiessen, fiel er sofort von Babylon ab und erweiterte, unterstützt von griechischen und zyprischen Söldnern und vermutlich mit dem Einverständnis Nechos, sein Gebiet bis ans Mittelmeer. Erst sieben Jahre später konnte Nebukadnezzar reagieren. Er wollte einen von Ägypten tolerierten oder gar unterstützten judäischen Stadtstaat im Südwesten seines Imperiums nicht dulden. Im siebten Jahr der Herrschaft Nebukadnezzars stand einzig und allein die Belagerung Jerusalems auf seiner To-do-Liste. Die babylonischen Annalen halten kurz und knapp fest: «Die Stadt Judas belagerte er und im Monat Adar, am 2. Tag (16. März 597) nahm er die Stadt ein.

Den König nahm er gefangen. Einen König nach seinem Herzen setzte er ein. Ihren schweren Tribut nahm er und brachte ihn nach Babylon.» Beim gefangengenommenen König handelte es sich um Jehojachin, den Sohn der Jerusalemerin Nechuschta. Sein Vater Jehojakim war offenbar kurz vor oder während der Belagerung der Stadt gestorben. Der junge Jehojachin hatte sich den Babyloniern ergeben (2Kön 24,10–12) und genoss dank der Kapitulation in der babylonischen Gefangenschaft eine bevorzugte Behandlung in Bezug auf die Lieferung von Ölrationen, wie aus babylonischen Verwaltungsnotizen hervorgeht.

Jerusalems Rebellion und Zerstörung

Ganz anders erging es seinem Nachfolger Mattanja mit dem Thronnamen Zidkijahu, dem König nach dem Herzen Nebukadnezzars, einem weiteren Sohn der Chamutal. Dieser verhielt sich zwar anfänglich Babylon gegenüber loyal. Doch auch Ägypten buhlte um die Sympathie der südlichen Levante, wie unter anderem Scherbenbriefe aus dem Tor von Lachisch und ein Brief des Königs von Ekron an den Pharao belegen. Es scheint, dass der ägyptische König Apries, der 589 v. Chr. an die Macht kam, bereits als Kronprinz mit Juda verhandelt hatte, denn in der Bibel ist er unter seinem Geburtsnamen Hofra bekannt. Er könnte Zidkijahu zum Abfall von Babylon ermutigt haben unter Aushandlung eines militärischen Abkommens. Tatsächlich verbuchten die Ägypter in Jerusalem sogar einen militärischen Erfolg gegen die Babylonier (Jer 37,5–11), aber dieser war nicht nachhaltig. Zidkijahus Aufstand endete im Fiasko der vollständigen Zerstörung Jerusalems durch die Babylonier, der Hinrichtung der Söhne Zidkijahus, sowie dessen Blendung und Deportation in Ketten (2Kön 25,7).

Habakuk und seine Zeitgenossen Jeremia und Ezechiel

Während die Sammlung der Prophetenworte Jeremias und Ezechiels eng mit diesen historischen Ereignissen verzahnt sind, fehlen für Habakuk genauere Hinweise auf die Zeitumstände, bis auf die Erwähnung (Hab 1,6) des Erstehens der Kasdäer als unerbittlicher und ungestümer Nation. Damit sind die Babylonier gemeint, die dank den Kasdäern im Süden des Landes wieder erstarkt waren. Aber auch die bei Habakuk nicht erwähnten Ägypter waren in der Levante sehr präsent und beide Grossmächte hatten ihre Anhänger im judäischen Volk, die sich gegenseitig das Leben schwer machten. Es ist die Erfahrung von Gewalt in diesem Kontext vielschichtiger Konflikte, die Habakuk reflektiert. Vermutlich war er nicht wie Jeremia und Ezechiel verbunden mit hohen politischen Funktionären, sondern stärker im einfachen Volk verankert. Jedenfalls rankt sich um seine Gestalt später eine populäre Legende (⟶ Die Entraffung Habakuks) und gibt es verschiedene lokale Wallfahrtsorte, die beanspruchen, Habakuks Grablege zu sein (⟶ Verortungen Habakuks). Das sind typische Phänomene der Volksfrömmigkeit.

Zeit v. Chr.	Mesopotamien	Juda/Levante	Ägypten
701		Jerusalem wird von Sanherib belagert und kauft sich durch Tribut frei.	
694	Sanheribs Sohn Aschur-nadinschumi wird ermordet.	Manasse wird König und regiert 55 Jahre. Assurfreundliche Politik.	
689	Babylon wird von Sanherib erobert und zerstört.		
670	Esar-Chaddon nimmt Memphis ein.		
664	Assurbanipal nimmt Theben ein.		Psammetich I. wird von den Assyrern als Pharao eingesetzt. Hauptstadt ist Saïs im westlichen Nildelta. Er regiert mithilfe griechischer und karischer Söldner.
653			Psammetich I. löst sich aus der assyrischen Vorherrschaft. Ägypten erlebt eine Blüte.
648	Babylon wird von Assurbanipal erobert.		
638		König Amon wird ermordet. Joschijahu wird König.	
627			Psammetich I. wehrt die Neubabylonier ab.
622		Kultreform in Jerusalem (2Kön 22–23), legitimiert durch die Prophetin Hulda.	

Zeit v. Chr.	Mesopotamien	Juda/Levante	Ägypten
612	Ninive wird erobert, 610 auch Haran.	Joschijahu wird bei Megiddo von Necho II. getötet	
605	Sieg der Babylonier über Ägypten bei Karkemisch.	Jehojakim regiert mit ägyptischer Unterstützung.	Necho II. verliert die Kontrolle über die Levante …
600	Unter Nebukadnezzar II. erlebt Babylon eine Blüte. Die Zikurrat Entemenanki und die «Hängenden Gärten» entstehen.	**Auftreten Habakuks?**	… kann aber das babylonische Heer an Ägyptens Grenze stoppen. Er beginnt mit dem Bau eines «Suez-Kanals» und veranlasst die Umsegelung Afrikas durch Phönizier.
597		Einnahme Jerusalems durch die Babylonier. Ezechiel ist unter den Deportierten.	Psammetich II. rüstet auf.
589		Der Prophet Jeremia empfiehlt, das babylonische Joch zu tragen, doch die Separatisten setzen sich durch.	Apries wird Pharao.
586		Jerusalem wird von Nebukadnezzar zerstört. Ein Teil der Bevölkerung, darunter Jeremia, flieht nach Ägypten.	
573		Tyrus wird erobert.	

Tabelle 1:
Die Levante zwischen den Imperien, 701–573 v. Chr.

TAURUS
ARAMÄER
Sam'al
Karkemisch
Haran
Aleppo
Ugarit
MITTEL-
MEER
Hama
Homs
Tadmor
Schir es-Sanam
Wadi as-Saba
Wadi Brisa
QEDARITER
PHÖNIZIER
LIBANON
Damaskus
Nahr el-Kalb
Tyrus
Abel-Bet-Maacha
Hukkok
Megiddo
SAMARIA
Jafo
Kafr Dschinnis
Amman
Ekron
Jerusalem
Bet Zouchar
Lachisch
SCHEFELA
Gaza
MOAB
Tell Far'a Süd
ARAB

Karte I:
Im Text erwähnte Orte und Landschaften des Vorderen Orients.

2 Der babylonische Imperialismus

Im babylonischen Imperialismus treffen sich zwei Dynamiken, die über Jahrhunderte hinweg dokumentiert sind. Da ist einerseits die Ruhmsucht der führenden Männer, die sich auf ewige Zeiten einen Namen machen wollen oder meinen, machen zu müssen, und da ist andererseits das Bedürfnis, die Stadt mit ihrem in allen Bereichen regulierten Leben gegen alle Bedrohungen von ausserhalb zu schützen (Richardson). Nebukadnezzar liess seine Weltherrschaftsansprüche an mehreren Orten (Nahr el-Kalb; Wadi Brisa; Schir es-Sanam; Wadi es-Saba; ⟶ Karte I) in Felsreliefs verewigen, die teilweise erhalten geblieben sind und diesen männlichen Tatendrang, vor allem aber auch das damit einhergehende Räubertum, bestens dokumentieren (da Riva; Watai). In der Wadi-Brisa-Inschrift (⟶ Abb. 1a-b) lesen wir:

> «… Ich durchstach hochragende Berge und zerkleinerte die Steine des Gebirges und öffnete Passwege. Einen Weg für die Zedern ebnete ich. Vor dem König Marduk band ich mächtige, hochgewachsene, starke Zedern, deren Qualität überaus kostbar, deren Aussehen dunkel war, den reichen Ertrag des Libanon, wie Rohr des Flusses zusammen und lenkte sie in die Arachtu [einen Seitenarm des Euphrat bei Babylon]. In Babylon pflanzte ich sie wie Pappeln. Die Menschen im Libanon liess ich auf grüner Aue sich lagern. Einem der sie erschreckte, lieferte ich sie nicht aus» (Weippert, 418).

*Abb. 1a-b:
Zwei Felsreliefs vom Rand der nördlichen Beqa'a-Ebene (Libanon), die Nebukadnezzar dort einander gegenüberliegend im Wadi Brisa anbringen liess. Obgleich in schlechtem Zustand, sind sie heute noch zu sehen.
Das westliche (oben) zeigt den König, einen Löwen dominierend (vgl. dazu Hab 3,19 und → Abb. 30).
Das östliche (unten) zeigt ihn, eine Zeder dominierend (vgl. dazu Hab 2,17).*

Die Fürsorglichkeit, die Nebukadnezzar den Bewohnern des Libanon angeblich angedeihen liess, lässt sich für die Südlevante nicht bestätigen. Das 604 zerstörte Aschkelon und das 586 zerstörte Jerusalem wurden nicht wieder aufgebaut. Die Situation in Ekron, Aschdod und Gaza präsentiert sich kaum besser. 573 v. Chr. wurde gar noch Tyrus erobert. Griechische Importkeramik, die früher über den Handel und über Söldner in judäischen oder ägyptischen Diensten ins Land gekommen war, fehlt fortan ebenso vollständig bis zum Ende des Jahrhunderts wie judäische Kalksteingewichte. Kurz: Nebukadnezzar verfolgte in der Südlevante vermutlich eine Strategie der verbrannten Erde, um Ägypten zu schwächen. Die babylonische Herrschaft führte zu einer nachhaltigen Verödung weiter Teile der Südlevante mit Folgen bis weit in die Perserzeit hinein (Gaß).

Angesichts dieser katastrophalen Lage ist es verständlich, dass es geraume Zeit dauerte, bis man im Zerstörer Jerusalems 587/86 v. Chr. ein Werkzeug Gottes sehen konnte, wie sich besonders schön am Jeremiabuch zeigen lässt. Die ältere, kürzere und nur noch in der griechischen Übersetzung vorliegende Fassung sieht in Nebukadnezzar den Eroberer und Zerstörer. In der stark erweiterten, jüngeren, hebräisch vorliegenden Fassung hingegen erhält er den Titel «Knecht JHWHs» (Jer 25,9; 27,6; 43,10). Seine Herrschaft über die Völker gilt diesen Herausgebern des Jeremiabuchs als eine von JHWH verliehene Macht. Nebukadnezzar ist der Vasall, Statthalter oder Wesir Gottes (Schenker; Zevit).

Die unter Habakuks Namen überlieferten Texte führen uns mitten in dieses Ringen um das Verständnis dessen, was sich denn da im Leben der Menschen mit so schrecklicher Brutalität ereignete. Die Tatsache allein, dass wir hier nicht Annalen eines

Imperialisten vor uns haben, sondern Reflexionen aus Kreisen der Ausgebeuteten und Geknechteten, macht Habakuks Vermächtnis zu einem seltenen und kostbaren Schatz. Wann und wo genau wir Habakuk zu verorten haben, bleibt spekulativ. Sicher ist, dass er noch nicht aus einer Distanz auf die Ereignisse zurückblickt, die es ihm erlauben würde, in Nebukadnezzar selbstverständlich den «Knecht JHWHs» zu sehen, dass er aber sowohl Gott als auch die Menschen für die aufkommende Gewalt in die Verantwortung nimmt. Habakuk führt uns ganz nah ans Geschehen in seiner verwirrenden Komplexität und fragt: Warum darf der Imperialist so handeln?

3 Geschichteter Text oder Collage?

Während es offensichtlich ist, dass wir im Habakukbüchlein nebst eigentlichen Prophetenworten, die sogar eigens auf eine Tafel geschrieben worden sind, auch hymnische Texte und weisheitliche Reflexionen vorfinden, ist das Verhältnis dieser Teile zueinander und ihr Wachstum in der Zeit bis heute Thema einer (Rekonstruktions-)Debatte. Gerechtfertigt wird diese Debatte, weil es auf der Suche nach der historischen Erfahrungswirklichkeit hinter dem Text darum geht, «den Schmerz des Menschen in dieser historischen Wirklichkeit» (Otto, 276) ernst zu nehmen.

Wer von Individuen ausgeht, die zu ganz unterschiedlichen Zeiten zu unterschiedlichen Adressatinnen und Adressaten gesprochen haben oder am Schreibtisch Texte redigierten, wird unweigerlich die Textspannungen betonen und entsprechend unterschiedliche Sitze im Leben der Texte rekonstruieren. Jörg Jeremias, der die redaktionskritische Analyse von Habakuk stark vorangetrieben hat, findet im Wesentlichen drei Schichten: 1. Texte von Habakuk selber, die auf Missstände in Juda abzielen: Eine Klage (1,2–13), eine Antwort Gottes (2,2–5) und Weheworte (2,6–17*). 2. Eine jüngere Schicht (1,14–17; 2,5b–6a.6–17*), die die älteren Worte irgendwann während der Exilszeit auf die Kasdäer bezieht und 3. Texte aus der «Spätzeit» (2,14.18–20; 3,3b), als die Theophanie von Habakuk 3 im Horizont des aufkommenden Hellenismus als endzeitliches Ereignis verstanden wurde. Ob dieses letzte Kapitel mit eigener Überschrift ursprünglich zum Buch dazu gehörte, wie Jeremias meint, oder ob es vielleicht sogar zwei verschiedene Habakuk-Ausgaben gab – eine mit und eine ohne diesen Visionspsalm – wird ebenfalls debattiert, weil der fast vollständig erhaltene Pescher Habakuk (⟶ Pescher Habakuk [pHab] in Qumran) nur die ersten beiden Kapitel kommentiert.

Wer weniger auf dem Verfasserindividuum insistiert, sondern stärker von einer Schule ausgeht, in der Texte permanent gelesen, diskutiert, kommentiert und abgeschrieben, ja vermutlich auch weiterhin mündlich überliefert wurden (Acker) – ein Modell notabene, das dem altorientalischen Kontext, wie ich glaube, gerechter wird –, wird im Text eher eine Collage sehen, die zu jeder Zeit ihrer Entstehung ihren Sinn und ihre Schönheit hatte. So gesehen geht es weniger darum, Brüche zu erklären als Sinnvarianten des vorliegenden Textes zu finden. Diese Recherche, für die in diesem Kommentar auch Bilder verwendet werden, führt dann wiederum zu Datierungswahrscheinlichkeiten – weniger von Texten als von Vorstellungswelten. Demzufolge gehören die Klagen Habakuks (Hab 1), das Orakel (Hab 2,1–5) und auch das Gebet Habakuks (Hab 3,2–19a) in die Zeit der babylonischen Unterjochung Judas. Die im Gebet eingebetteten Gotteshymnen (Hab 3,3–7.8–19) sind allerdings viel älter. Und umgekehrt sind die aus schriftgelehrtem Milieu stammenden Weheprüche (Hab 2,6a–20), die teilweise vorliegendes Material mit der Theologie ihrer Zeit collagieren, jünger.

Der Text muss übrigens bis heute immer wieder neu durch Entscheidungen hergestellt werden; denn einen Urtext haben wir nicht, sondern nur überlieferte Varianten und diese können sich mitunter sehr stark unterscheiden. Die Entscheidungsarbeit der Text(re)konstruktion haben mir die Übersetzer der Zürcher Bibel, die als Grundlage dient in der Reihe «bibel heute lesen», bereits abgenommen. Ich werde an einigen Stellen allerdings auf Alternativen hinweisen. Hingegen verzichte ich bewusst darauf, eigene Zwischentitel zu erfinden. Ich beschränke mich auf die Kommentierung von Textabschnitten, die sich aufgrund von inhaltlichen oder formalen Elementen als solche zu erkennen geben.

4 Habakuks Edition im Zwölf

Das Habakukbüchlein wird als Teil des Zwölf(prophetenbuchs) überliefert. Die zwölf darin enthaltenen Schriften wurden schon in der Antike chronologisch geordnet. Hosea, Amos und Micha kannten noch den Stadtstaat Israel des Hauses Omri mit Zentrum in Samaria, das 722 v. Chr. von den Assyrern zerstört wurde. Im griechischen «Zwölf» (Dodekapropheton), der noch mehr als der hebräische auf die Chronologie achtete, eröffnen daher diese drei Propheten die Reihe. Auch wurde der «Zwölf» in griechischen Bibelhandschriften den grossen Prophetenbüchern aus diesem Grunde vorangestellt. Haggai und Sacharja traten erst in persischer Zeit auf und damit in der Zeit des Wiederaufbaus des Tempels. Sie beschliessen den «Zwölf». Habakuk gehört zu den Schriften, die sich bereits ab vorexilischer Zeit mit der Lage des Stadtstaates von Jerusalem, also mit Juda beschäftigten. Habakuk steht zwischen Nahum und Zefanja. Die drei Propheten haben die dramatische Endphase Judas begleitet. Durch die Einmittung Habakuks in diesem Dreierblock erhält die zentrale Botschaft seines Buchs, sein Aufruf zu vertrauensvoller Gerechtigkeit, noch mehr Gewicht. Im Rahmen der redaktionellen Zusammenstellung der Bücher wurden vielleicht auch intertextuelle Bezüge hergestellt (Bosshard-Nepustil), sofern sich diese durch die Prägung der Propheten in den Schulen, die sie besuchten, mit ihrer intensiven mündlichen Kultur nicht besser erklären lassen.

5 Habakuk in der griechischen Bibel

Als in Alexandria die älteste Übersetzung des hebräischen Textes, diejenige ins Griechische, entstand, gab es den «Zwölf» bereits. Die griechische Habakukübersetzung stammt aus einer Hand. Sie ist vor jener des Jesajabuchs entstanden, und damit vor 140 v. Chr. Die hebräische Vorlage war schwer zu übersetzen. Zum Teil musste umschrieben werden, weshalb die griechische Version länger ist als der hebräische Text.

Die Übersetzung nutzt die Möglichkeit, philosophische Konzepte einzuführen. So verwendet sie im Zusammenhang mit der Götzenkritik (Hab 2,20) den Begriff *phantasía*, der in der platonischen und stoischen Philosophie einen richtigen oder trügerischen Eindruck einer Sache bezeichnen kann. Ebenfalls in philosophischer Tradition versucht sie den Hymnus über das

Erscheinen Gottes (Hab 3) zu entmythologisieren. So will sie in den beiden Begleitern JHWHs (Hab 3,5) nicht «Pest» (hebr. *dæbær*) und «Seuche» sehen, sondern Gottes «Wort» (hebr. *dabar*) und seine «Sandalen», die über Feinde hinwegschreiten können.

Angesichts der Kriege zwischen Ptolemäern und Seleukiden, die die Levante erschütterten, und des oft bedrängten Lebens der jüdischen Minderheit in Ägypten war das Milieu der Übersetzenden vom apokalyptischen Zeitgeist gezeichnet. Sie lebten in der Erwartung einer kommenden Erlösung, eines alles verändernden Ereignisses. Dieser Zeitgeist hat auch die Übersetzung jener Stelle mitgeprägt, die durch die Auslegung von Paulus im Römer- und Galaterbrief für das Christentum so bedeutungsvoll geworden ist (→ Anknüpfungspunkt für Paulus). Die Verse 2,3–4 lauten nach der Septuaginta:

> «Denn [es] wird noch eine Vision für den entscheidenden Augenblick [gr. *kairós*] [geben] und sie wird zum Ziel kommen, nicht aber ins Leere [gehen]; wenn er [der *kairós*] sich verzögert, warte auf ihn, weil er gewiss kommen wird und [bestimmt] nicht ausbleibt! Sollte einer sich [mit seinem Vertrauen] zurückhalten, hat meine Seele keine Freude an ihm, der Gerechte aber wird aus dem Glauben [gr. *pístis*] an mich leben.» (Hab 2,3–4)

Der griechische Habakuk appelliert also an das Durchhaltevermögen der Bedrängten im Angesicht von solchen, die ihren oft herausfordernden Weg in der Bahn der Tora enttäuscht und resigniert aufgeben.

Der griechische Text ist aber nicht nur ein interessantes Beispiel dafür, wie in hellenistischer Zeit der Text verstanden wurde. Über den griechischen Text lässt sich auch dessen hebräische Vorlage rekonstruieren. Das ist wichtig, da keine hebräischen Habakuk-Manuskripte aus jener Zeit erhalten geblieben sind. Schon der Pescher Habakuk (⟶ Pescher Habakuk [pHab] in Qumran), der älteste hebräische Textzeuge, hat an mehreren Stellen den hebräischen Text nach der Septuaginta korrigiert. Wir werden an einigen Stellen auf Versionen im griechischen Text hinweisen.

Auslegung

1 Eingebettetes Orakel (Hab 1–2)

Das Orakel, das Habakuk empfängt, umfasst nur zwei Verse (Hab 2,4–5). Die Götter im Mittelmeerraum, auch jene von Delphi oder Didyma fassten sich kurz und überliessen den Menschen die Arbeit der Ausdeutung. Umso beachtlicher die sorgfältige Einbettung des Orakels durch zwei Kontextualisierungen: Einerseits durch Charakterisierungen der Feinde (Hab 1,5–11), der Gottheit (Hab 1,12–13) und der Menschen (Hab 1,14–17), die für das Verständnis des Orakels relevant waren, andererseits durch eine Folge von Wehesprüchen, die das Orakel in seiner Konsequenz entfalten (Hab 2,6–20).

Erste Überschrift (Hab 1,1)

Das Buch Habakuk enthält zwei Überschriften. Die zweite findet sich in Habakuk 3,1. Beide nennen Habakuk als Autor. Der Name kommt in der Bibel nur an diesen beiden Stellen vor. Seine Deutung ist unklar. Ist er abgeleitet von «umarmen» (hebr. *chabbek*), mit dem Sinn, ein von Gott Umarmter oder ein Gott Umarmender zu sein, ein «Hertzer» (Luther)? Oder ist es ein Pflanzenname, wie es semitische Sprachen nahelegen, wo im Akkadischen *chabb mbaququ* eine Gartenpflanze, im Syrischen *charböqaqa* die Gemüsekassie (*Senna tora* Roxb.) und im Arabischen *habaq(baq)* das Basilikum (*Ocimum basilicum*) bezeichnet?

Tatsächlich sind Pflanzennamen typisch für Männer in Israel. Elon (Terebinthe?), Asa (Myrte), Oren (Lorbeer), Darda (Distel), Setan und Setam (Olivenbaum), Jaareschja (Es pflanzte Jah), Jered (Rose?), Ziba (Zweig), Koz (Dorn), Rimmon (Granatapfel) und Tappuach (Apfel) sind belegt. Nur zwei Mal wird im Ersten Testament ein Pflanzenname für eine Frau verwendet: Hadassa (Myrte) und Tamar (Dattelpalme). Die Chance, dass Habakuk eine Prophetin war, ist unter der Annahme, dass Habakuk ein Pflanzenname ist, daher klein, wenn auch nicht gleich null.

In beiden Überschriften trägt Habakuk den Titel «Prophet». Was ist mit diesem aus dem Griechischen abgeleiteten Fremdwort gemeint? Landläufig werden damit heute Menschen bezeichnet, die etwas Künftiges vorhersagen. Wetterpropheten (Meteorologen) zum Beispiel benutzen heute komplexe Programme, mit denen sie auf der Basis von Messdaten das Wetter der nächsten Tage prognostizieren. Meinungs- und Wahlforscher (Psephologen) führen auf der Basis von Befragungen und Fokusgruppen Hochrechnungen und Schätzungen auf der Basis von Modellen durch, um Wahlergebnisse zu prognostizieren. Auch die Propheten des Ersten Testaments urteilten auf der Basis dessen, was sie sahen und hörten. Mehr als Visionäre von Zukünftigem aber waren sie genaue Beobachter der Gegenwart und Kritiker von Missständen. Sie waren gut informiert, hatten vielleicht auch Informantinnen und Informanten, denen sie vertrauen konnten. Zugleich fühlten sie sich gedrängt, ja berufen, ihre Intuitionen zu bekunden. Ihre Berufsbezeichnung (hebr. *navi'*) kennzeichnet sie als berufene Rufer oder als kundige Künder. Sie sahen Zusammenhänge, die andern entgingen. Dies erklärt die paradoxe Formulierung vom Propheten, der einen Ausspruch schaut (Hab 1,1; Hab 2,1). Aussprüche werden gehört, Visionen geschaut. In der Überschrift wird das eine ins andre geblendet: Was sich Habakuk kritisch zusammenschauend erschliesst, wird im Ausspruch auf den Punkt gebracht. Der Ausspruch belastet die damit Kritisierten. Es ist daher ein «Lastwort» (Buber/Rosenzweig; hebr. *massa'*). Solche Lastworte sind typisch für das Buch Jesaja, besonders dort, wo es um die umliegenden Völker geht, die in die damalige imperiale Politik der Assyrer verwickelt waren (vgl. Jes 13,1; 15,1; 17,1; 19,1). Damit zeigt die Überschrift bereits deutlich an, worum es im Folgenden geht: Um das imperiale Joch, das auf Land und Volk Habakuks lastet und dessen physische und psychische Belastungen Habakuk nun in Lastworten ventiliert, die die Gewalttäter schwer belasten.

Motto (Hab 1,2–4)

«Wie lange, HERR» ist ein typischer Gebetsseufzer der Psalmen: «Wie lange HERR! Willst du mich ganz vergessen?» (Ps 13,2), «Wie lange HERR – willst du immerfort zürnen?» (Ps 79,5), «Wie lange HERR! Willst du dich immerzu verbergen?» (Ps 89,47). Die hymnische Ausdrucksweise Habakuks beginnt also nicht erst in Kapitel 3. Habakuk ist ein Theopoet, dem langsam aber sicher der Geduldsfaden zu reissen droht angesichts eines Gottes, der nicht hört und dem Unheil zuschaut. Seine Frustration mündet in eine Klage gegen Gott. Zwei parallel gebaute Verse eröffnen sie, unterstreichen in dieser Doppelung die Dringlichkeit und eröffnen zugleich einen stereophonen Denkraum.

Wie lange, HERR, rufe ich
schon um Hilfe,
du aber hörst nicht!
Ich schreie zu dir: *Gewalttat!*
Du aber hilfst nicht!
(Hab 1,2)

Warum lässt du mich
Unrecht sehen
und schaust dem Unheil zu:
Vor mir ist Unterdrückung
und *Gewalttat!*
Und Streit ist entstanden,
und es erhebt sich Zank.
(Hab 1,3)

Die vier Versteile lassen sich problemlos kombinieren: Wie lange rufe ich schon um Hilfe, aber du lässt mich weiterhin Unrecht sehen? Du hörst weg und schaust dem Unheil einfach zu. Ich schreie zu dir: Gewalttat! Denn vor mir ist Unterdrückung und Gewalttat! Du hilfst nicht, obwohl Streit und Zank wüten. Das unvariiert verdoppelte Schlüsselwort, das zwischen der Verzweiflung Habakuks und dem Zynismus des untätigen Gottes steht, lautet: Gewalttat, hebr. *chamas*. Es ist uns nur allzu bekannt aus den täglichen Nachrichten. Auf Chamas, arab. für «Begeisterung, Eifer, Kampfgeist» und zugleich Akronym für **Ch**arakat al-**m**uqawama al-i**s**lamijja («Islamische Widerstandsbewegung») baut der antizionistische Widerstand im Gazastreifen. Unmöglich, heute Habakuk zu lesen, ohne an die grauenhafte Gewalttat der Chamas, eingedeutscht Hamas, vom 7. Oktober 2023 zu denken, bei der mindestens 1139 Menschen ums Leben kamen. Unmöglich aber auch, heute Habakuk zu lesen, ohne an die dadurch entfesselte Gewalt der israelischen Armee zu denken, mit der sie die Hamas im Gazastreifen zu vernichten versucht und dabei Zehntausende von zivilen Opfern in Kauf nimmt, die Vernichtung einer jahrtausendealten Stadtkultur und sich damit dem Vorwurf des Genozids aussetzt.

Die doppelte Explosion des Wortes «Gewalttat» gleich zu Beginn, ist umgeben von einer Wolke von Worten desselben Sprachfeldes, die mit weiteren Explosionen wie in einem Feuerwerk der Gewalttat verbal Aufmerksamkeit verschaffen. Die deutschen Worte vermögen den gewaltigen Resonanzraum, den die drei sorgfältig komponierten Wortpaare eröffnen, nur ansatzweise zu erschaffen. «Unrecht» (auch in Hab 3,7; hebr. *awän*) meint nicht bloss ein einzelnes Unrecht, sondern eine Katastrophe, einen komplett falschen Zustand, der auf bösartiger Absicht oder einer falschen Ideologie beruht. Das damit gepaarte «Unheil» (auch in Hab 1,13; hebr. *'amal*) meint jegliche Art von Mühsal und Lebensbeeinträchtigung, die das Dasein vergällt. «Unterdrückung» (hebr. *schod*), das hier parallel zur Gewalttat steht, meint auch Zerstörung. Durch die Einmittung wird dieses Wortpaar stilistisch hervorgehoben. «Gewalttat und Unterdrückung» war auch die Klage Jeremias (Jer 20,8). Auch Ezechiel verwendet das Wortpaar und stellt ihm «Recht und Gerechtigkeit» gegenüber (Ez 45,9). Beide Propheten waren vermutlich Zeitgenossen von Habakuk. Geprägt hat die Wortverbindung vielleicht der ältere Prophet Amos, bei dem sie zum ersten Mal vorkommt (Am 3,10). «Streit» (hebr. *riv*) meint jede Art von Disput und Auseinandersetzung, die es braucht, um einen Rechtszustand wieder herzustellen, während «Zank» (hebr. *madon*) den Akzent mehr auf den nervigen, kaum erträglichen Zustand legt, in den uns permanenter Streit versetzt. Es wird überdeutlich: Habakuk spricht aus einer absolut unerträglich gewordenen Situation heraus, aus existenzieller Not und Verzweiflung. Zugleich baut seine komprimiert-facettenreiche Schilderung von Gewalt eine Brücke in unsere Zeit, wo die Gewaltforschung das Ineinandergreifen von persönlicher, struktureller und kultureller Gewalt eindrücklich aufzeigt.

Noch wichtiger und erstaunlicher als die Art und Weise, *wie* Habakuk seine Lage thematisiert, ist die Tatsache, *dass* er sie thematisiert. Gewalterfahrung lässt Menschen verstummen. Dort, wo es gefährlich wird, laut zu denken, breitet sich Schweigen aus, ein Schweigen, das den Gewalttätigen dient. Das Vergewaltigungsopfer, das aus Scham schweigt. Der Opportunist, der aus Kalkül schweigt. Die Analphabetin, die wegen ihrer Lese- und Schreibunfähigkeit schweigt. Der Unternehmer, der um des Profits willen schweigt. Die Migrantin, die wegen Abhängigkeiten schweigt. Der Professor, der aus Furcht um seinen Ruf schweigt. Die Politikerin, die aus Angst vor Antisemitismusvorwürfen zur Gewalt in Gaza schweigt. Das Volk, das aus Furcht vor der eigenen Führung schweigt. Hanna Arendt, die jüdische Philosophin, die der Schoah entkam und wie wenige die Gewalt der Macht, die sie ermöglichte, erforschte, kam zum Schluss: «Gewalt beginnt, wo das Reden aufhört.» (Arendt, Essays, 308) Dialog, Kommunikation ist daher das wichtigste Mittel der Gewaltprävention. Einander als Menschen in die Augen schauen und die Meinung sagen, austauschen, bereit sein zu hören und zu sprechen. Nichts ist deshalb weniger selbstverständlich und wertvoller, als dass Habakuk Gewalt zum Thema macht. Diesem Mut verdanken wir unsere Lektüre mit allen Möglichkeiten der Entfaltung ihrer befreienden Kraft und sie ist zugleich die vermutlich einzige menschliche Lösung aus Verstrickungen in Gewalt. Allerdings: Ein menschliches Gegenüber hat Habakuk für seine Klage nicht mehr. Die einen sind verstummt und haben resigniert, die anderen sind gewalttätig und unzugänglich für die Sprache der Vernunft oder des Mitgefühls. So bleibt ihm nur die Klage gegenüber Gott. Aber wo ist er, dieser Gott? Schläft er? Oder sollten gar die Recht haben, die ihn leugnen?

Im Verstummen vor der Gewalt – das thematisiert Vers 4 – wird die Weisung (hebr. *torah*), nämlich das, was Sitte und Anstand lehrt, schwach. Aus der sittlich geschwächten Gesellschaft erwächst kein Recht (hebr. *mischpat*) mehr, «das den Schwachen vor dem Starken schützt», wie es schon in der Präambel zum Kodex Hammurapi (18. Jh. v. Chr.) treffend heisst. Der Übeltäter (hebr. *rascha'*) kann sein System der Ausbeutung etablieren. Es beruht auf einem verdrehten Recht, einem Recht, das Korruption nicht bekämpft, sondern nutzt und fördert. Das ist das grosse Thema auch der Psalmen und der Weisheitssprüche, in denen der Übeltäter oder Frevler permanent dem Gerechten gegenübergestellt wird. Aber dabei bleibt es nicht. Zugleich werden die Qualitäten, die den Gerechten auszeichnen, entfaltet: Eine Menschenkunde der Nächstenliebe.

Gewalt hebelt das Recht aus. Diese ernüchternde Einsicht bewahrheitet sich leider immer wieder, gerade auch heute. Ecuador, eines der friedlichsten Länder Lateinamerikas, wurde durch das Eindringen der Drogenmafia zu einem der gewalttätigsten Länder der Region. Chicago, ein altes Zentrum der Mafia, hat bis heute eine der höchsten Mordraten in US-amerikanischen Städten. Wer hätte vor wenigen Jahren gedacht, dass die nach dem Zweiten Weltkrieg nach und nach mühevoll erarbeiteten Regelwerke der Menschheit wie die Menschenrechte, das Klimaabkommen oder Übereinkommen zur Vernichtung von Streumunition, chemischen und biologischen Waffen, Regelwerke, die Respekt vor Mensch und Natur und ihrer Vielfalt ins Zentrum stellen, einfach durch Autokraten missachtet werden können? Dass selbst das Kapitol in Washington, der heiligste Ort der ältesten Demokratie der Welt durch den Mob gefährdet werden kann – unter Anführung eines verantwortungslosen, egomanen

Präsidenten? Wo die Mächte der Gewalt sich entfesseln können, hilft selbst Vernunft und Aufklärung nicht mehr. Im Gegenteil: Gerade die technischen Errungenschaften menschlicher Vernunft und Intelligenz, beispielsweise die sozialen Medien, sind es, die den Gewalttätigen als noch effizientere und damit gefährlichere Mittel zur Verwirklichung ihrer bösen Absichten dienen.

Die Feinde (Hab 1,5–11)

Mit dem Imperativ «Seht euch um!» beginnt etwas Neues. Nach dem masoretischen Text, auf den sich die Übersetzung der Zürcher Bibel stützt, sollten sich die Angesprochenen unter den Völkern (hebr. *bgwjm*) umsehen, nach den griechischen und syrischen Übersetzern, denen alte hebräische Manuskripte vorlagen, jedoch unter den Verächtlichen, den Frechen (hebr. *hbwgdim*). Der Unterschied im Hebräischen Schriftbild ist klein. Die Version der alten Übersetzungen würde die Hypothese unterstützen, dass die Sprüche ursprünglich nicht gegen die Kasdäer, sondern gegen die Frechen im Volk gerichtet waren.

Doch wer spricht und zu wem? Der folgende Vers legt es nahe, in der sprechenden Stimme jene Gottes zu vermuten, der sich hinter dem Ich verbirgt, das die Kasdäer (⟶ Einleitung) aufstehen lässt. Das Fehlen einer Botenformel («so spricht der HERR»), lässt Gott und den Propheten verschmelzen und tatsächlich ist es ja im Innern des hörenden Sehers oder des sehenden Hörers, wo sich die göttliche Stimme manifestiert. Wer dem Appell folgt, wird selbst sehen, was Habakuk schon sieht, wird sehen, sich entsetzen und erstarren. Die Verbenreihe illustriert den Horror des Gesehenen, den man, wenn er bloss erzählt würde, gar nicht glauben könnte. Nicht nur hier begegnen wir in der Bibel einer Erkenntnislehre (Epistemologie), die die Nähe von Zeichen und

Bezeichnetem und damit die Authentizität der Wahrnehmung beim Sehen im Vergleich zum Hören unterstreicht. Sie gilt auch in Bezug auf das Göttliche selbst. «Vom Hörensagen hatte ich von dir gehört, jetzt aber hat mein Auge dich gesehen», bekennt Hiob nach der zweiten Gottesvision (Hiob 42,5). Auch die Thomasepisode aus dem Johannesevangelium (Joh 20,19–28) gehört hierhin.

So erfolgt ein zweiter Appell hinzuschauen, wie die Kasdäer aufstehen, die in knappster Form mit trefflichen, wortspielerischen Begriffen als Kolonialmacht charakterisiert werden. Das alliterierende Wortpaar «unerbittlich und ungestüm» (hebr. *mar wahannimahar*) zum Beispiel geben Buber & Rosenzweig nachdichtend im Deutschen mit «rauh und rasch» wieder. Der doppelte Augenöffnungsappell endet mit der zweisilbigen Feststellung zur neubabylonischen Landnahme von Wohnstätten: *l'o-lo*, «nicht (gehören) sie ihnen» – in Kürze und Prägnanz unnachahmlich im Deutschen. Dahinter steht vielleicht eine mit Deuteronomium 32,8–9 verwandte Vorstellung, wonach der Höchste die Völker der Erde und deren Gebiete den Gottessöhnen als Erbe verteilte. Israel aber wurde zum Erbteil JHWHs.

A Schrecklich und furchterregend ist sie [die Nation der Kasdäer],
von ihr strahlt [alt.: geht] ihr eigenes Recht aus und ihre Hoheit.

B Und schneller als Leoparden sind ihre Pferde
und wilder als Wölfe am Abend.
Und ihre Rosse galoppieren daher,
und ihre Rosse kommen aus der Ferne,
fliegen herbei wie ein Geier, hastend zum Fressen [Zürcher Bibel: wie ein Adler, der in den Sturzflug geht, um zu schlagen].

X Sie alle kommen, um Gewalt zu üben,
entschlossen ist ihr Angesicht nach vorn gerichtet,
und Gefangene hat die Nation eingesammelt als wären sie Sand.

B' Und sie, sie macht sich lustig über Könige,
und Würdenträger sind ihr ein Gelächter.
Sie, sie lacht über jede befestigte Stadt,
hat sie doch Erde aufgeschüttet und sie eingenommen!

A' Dann fährt ein Sturm daher,
und sie ist weitergezogen und wird schuldig:
Sie, deren Gott die eigene Kraft ist! (Hab 1,7–11)

Der intensiven Aufforderung hinzuschauen, folgt eine atemberaubende Schilderung dessen, was zu sehen ist und was als «prophetisches Urgestein» (Seybold, 58) bezeichnet worden ist. Das überaus kunstvolle Gedicht wird umklammert (**A/A'**) von der Feststellung, dass hier eine Macht am Werk zu sehen ist, die

die übliche Gottesfurcht nicht kennt oder Gottes Macht nicht anerkennt. Sie hält sich nicht an Konventionen, Regeln, Abmachungen, Anstand, kennt keinen Respekt. Eigenes Recht, eigene Hoheit strahlt von ihr aus oder geht gar von ihr aus als gesetztes Recht, wo immer sie sich durchsetzen kann. Die eigene Kraft ist ihr Gott, also hat sie nichts, auch keinen Gott, zu fürchten. Es ist die Macht des Stärkeren, die sich hemmungslos in Szene setzt. Ihre Wirkung ist durchaus ambivalent: Sie löst eine Mischung von Faszination und Schrecken aus. Man denke an die Wirkung der Bilder der Atombombenabwürfe in Japan, der Napalmbomben in Vietnam, des Golfkrieges, der explodierenden Telefone im Libanon, der gezielten Tötung von Militärs in ihren Büros im Iran und Syrien, der flächendeckenden Bombardierung Kölns, Raqqas oder Gazas. Damals wie heute sind es technische Errungenschaften, die neue Arten der Kriegsführung ermöglichen, welche gängige Erwartungshaltungen und Verteidigungsmassnahmen obsolet machen und eine Mischung aus ungläubigem Staunen und blankem Entsetzen, Abscheu oder auch andächtiger Bewunderung hervorrufen. Das zu Sehende, so fasst es die Endklammer zusammen, passiert sturmartig, heftig und schnell. Sturmgötter wie Enlil standen ganz oben in der Hierarchie der Gottheiten. Die so agierende Macht verwechselt ihre Kraft mit Gott und macht sich dadurch schuldig. Unausgesprochen bleibt die für den Propheten grundlegende Voraussetzung, auf der dieser Satz sein kritisches Potenzial entfaltet: Es gibt nur einen lebendigen Gott, der sich in der Geschichte manifestiert und dessen Werkzeug die Kasdäer gerade sind, dessen Autorität sie aber nicht mehr zu respektieren scheinen.

Innerhalb dieser theopolitischen Klammer wird mit einer zweiten Klammer (**B/B'**) das Wesen dieser neuartigen, gewalttätigen

Macht entfaltet. Im ersten Teil (**B**) steht die Effizienz der Kavallerie im Fokus. Sie wird mit drei Tieren verglichen: 1. «Schneller als Leoparden» (*Panthera pardus jarvisi*; hebr. *namer*), die schnellsten bekannten Landraubtiere im Lebensraum der Hebräerinnen und Hebräer. Im Danielbuch (Dan 7,6; vgl. Offb 13,2) versinnbildlicht der Leopard das Reich der Perser, das sich rasend schnell ausgebreitet hat. 2. «Wilder als Wölfe (*Canis lupus pallipes*; hebr. *ze'eb*) am Abend», neben dem Panther und dem Löwen der einzige grössere Fleischfresser in Palästina, dessen scharfe Zähne gerne in der Dämmerung zuschlugen. 3. «Wie ein Geier [*Gyps fulvus*; hebr. *næschær*], hastend zum Fressen.» Während die beiden ersten Vergleiche der palästinischen Lebenswelt Habakuks entsprungen zu sein scheinen, dürfte dieser Vergleich vom Propheten aus der künstlerischen Tradition übernommen worden sein, wie ein assyrisches Relief nahelegt (⟶ Abb. 2). Wie sehr die Propheten auf vorgeprägte Bilder und Vergleiche zurückgriffen, zeigen die ähnlichen Feindesschilderungen in Jeremia 4–6. Die Übersetzung der Zürcher Bibel weicht im letzten Versteil von Habakuk 1,8, beeinflusst von der Septuaginta, vom hebräischen Text ab. Vergleichspunkt ist aber nicht das schnelle Zuschlagen des Adlers, sondern die Beutegier und das Erscheinen im Kollektiv, das für Geier typisch ist. Die kasdäische Kavallerie ist demnach wendig und schnell (wie Leoparden), wild zuschlagend (wie Wölfe) und eine beutegierige Bande (wie Geier).

Der zweite Teil der inneren Klammer (**B'**) fokussiert auf die machtbasierte Respektlosigkeit der Eroberer gegenüber Autoritäten, den Königen, Fürsten und den befestigten Städten, die ja oft genug personifiziert und wie lebendige, weibliche Organismen verstanden wurden. So konnte Jerusalem als «Tochter Zion» ihrerseits über ihre Belagerer spotten (2Kön 19,21) oder

Abb. 2: Ein neuassyrisches Relief aus dem Zentralpalast von Nimrud aus der Zeit Tiglatpilesers III. (ca. 728 v. Chr.), kombiniert, wie unser Text, das Einhersprengen der Kavallerie und das Fallen der Feinde mit dem Flug des Geiers nach Beute. Diese erscheint als Darmgewinde in seinen Klauen und im Schnabel.

es konnte als Schande ins Feld geführt werden, Abel-Bet-Maacha als «Mutter in Israel» zu belagern (2Sam 20,19). Wie sehr oft im Ersten Testament hat das Lachen hier eine spöttische oder gar schadenfreudige Note. Das theologische Echo darauf erfolgt in Psalm 2,4 als Lachen Gottes über das letztlich erfolglose Toben der Völker. Es hat seine reale Basis in der Geschichte, die die scharfsichtigen Geister in der Levante lehrte, dass keine auf diese Weise errichtete Herrschaft von Dauer ist. Das Lachen der Erobe-

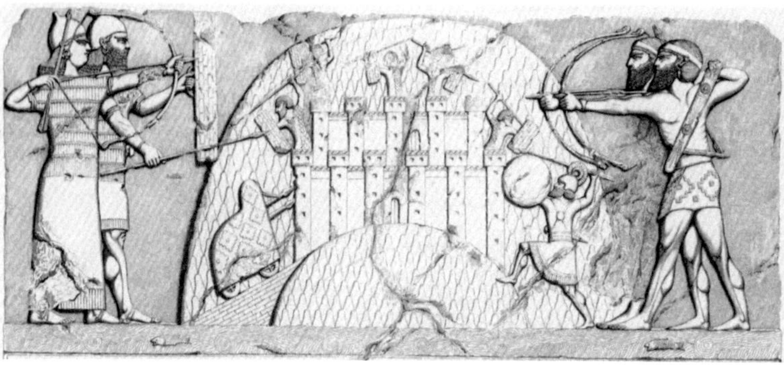

Abb. 3: Stark stilisierte neuassyrische Darstellung aus Ninive, die die Eroberung einer befestigten Stadt schildert. Im Zentrum des Reliefs sind die Mauern und Zinnen einer doppelt ummauerten Stadt auf einem Hügel zu sehen, auf denen sich mit Schild und Speer bewaffnete Verteidiger befinden. Auf der rechten Seite greift ein griechischer Söldner in assyrischen Diensten an. Auf der linken Seite sind die über einer aufgeschütteten Eroberungsrampe ausgelegten Holzplanken zu sehen, über die der Rammbock an die Mauer heranmanövriert wird, um eine Bresche in die Mauer zu schlagen. Die Szene wird von drei übergross dargestellten assyrischen Bogenschützen und einem Speerwerfer flankiert. Auf dem Rammbock und auf dem Schurz eines Bogenschützen sind Zinnenmotive zu erkennen, die die Erobernden selbst als Festung kennzeichnen.

rer basierte seinerseits auf ihrer technischen Überlegenheit, wie der letzte Versteil verdeutlicht. Sie waren logistisch in der Lage, mit dem Aufgebot riesiger Mannschaften und versklavter Kriegsgefangener stark befestigte Städte über Monate hinweg zu belagern und durch die Errichtung aufwändiger Rampen (→ Abb. 3) und den Einsatz von Sturmböcken zu zerstören.

Die durch die beiden Klammern des Gedichtes herausgestellte Mitte (**X**) greift das Leitwort Habakuks auf: In aller Deutlichkeit wird festgehalten, dass die Kasdäer kommen, um *Gewalt* auszuüben. Die beiden Aspekte, mit denen dies illustriert wird – vorwärtsgerichtete oder eben rücksichtslose Gesichter und Gefangene wie Sand –, erinnern nochmals an die Reliefs der Assyrer, die den Schrecken ihrer Gewaltherrschaft verbreiteten, indem sie darauf darstellten, wie sie Menschen aus ihrer Heimat wegführten und woanders im Reich ansiedelten (⟶ Abb. 4).

Abb. 4: Detail eines monumentalen Reliefs aus dem Südwestpalast von Ninive (700–692 v. Chr.). Zu sehen ist die Deportation der zivilen Stadtbevölkerung von Til-Tuba am Fluss Ulai im Gebiet der Meder. Getrieben von assyrischen Soldaten schreiten alle Deportierten stracks nach vorne. Nur eine Frau und ein Kind wenden ihr Gesicht zurück.

Die Gottheit (Hab 1,12–13)

Die rhetorisch fragende Selbstvergewisserung, mit der ein neuer Abschnitt beginnt, stammt mit der Wendung «seit je» (Jes 45,21) und mit der Charakterisierung Gottes als des «Heiligen» (Jes 1,4; 5,16; 10,20 und oft) aus der Jesajaschule. Stand Habakuk selbst ihr nahe (Dietrich) oder zeigt sich hier die Hand der Herausgeber? Beide Gestaltungselemente zielen darauf ab, die Andersartigkeit der Gottheit gegenüber menschlichen Qualitäten hervorzuheben. Zeitlich beständig ist sie und wohnend im Heiligen, dem aus dem Profanen Ausgeklammerten, zugänglich nur im Zustand der Reinheit. Die logische Fortsetzung wäre daher: Du (JHWH) wirst nicht sterben! Und tatsächlich liegt hier vielleicht ein Eingriff von Schreibern vor, die allein die Vorstellung, dass Gott sterben könnte, für absurd und unaussprechbar hielten. Die Korrektur – falls es eine ist (Barthélemy) – führte zu der in der Bibel einzigartigen Aussage «Wir werden nicht sterben!» Sie hat umgekehrt den Effekt, dass das Volk zu einer unsterblichen Grösse stilisiert wird. Wohl in keiner anderen Religion als der jüdischen ist der Konnex von Gott und Volk stärker akzentuiert worden: Kein Volk ohne Gott, aber auch kein Gott ohne Volk. Insofern wird die Funktion JHWHs als Gott ans Schicksal des Volkes geknüpft. Als Selbstvergewisserung ist die Formel «Wir werden nicht sterben!» in der jiddischen, «säkularen» Version «Mir lebn eibig», ursprünglich das Finale der Revue «Mojsche halt sich» im Wilnaer Ghetto, 1943 zu einer Überlebenshymne geworden. Im September des gleichen Jahres wurde das Ghetto zerstört und seine Einwohner ermordet. Der Lieddichter, Lejb Rosenthal, wurde 1944 im Arbeitslager Kloga (Estland) erschossen. Das Lied wird bis heute gesungen.

Erst der zweite Teil von Vers 12 knüpft an die vorangegangene Schilderung der Gewaltherrscher an und deklariert nun unmissverständlich, dass sie von JHWH zum Gericht und als leibhaftiger Vorwurf eingesetzt wurden. JHWH wird im Parallelismus als Fels angesprochen, wie oft in den Psalmen (18; 19; 28; 92; 94; 95; 144). Für die Hebräer waren Felsen reale Zufluchtsorte in Zeiten der Bedrängnis (Masada!) und im Allerheiligsten von Heiligtümern wurde Gott in einer Stele, einem Felsen in Miniaturform, vergegenwärtigt (vgl. Gen 28,18).

Dann aber geht es in Vers 13 weiter mit Reflexionen über das Wesen der Gottheit. Augen hat sie, die das Böse und Unheilvolle nicht ertragen. Es ist die Vorstellung vom sich angewidert abwendenden Gott und damit auch vom sich entfernenden Segen, die hier greifbar wird. Auf ihr beruht die sogenannte Priesterschrift (Lev 1–16), die minutiös regelt, wie Vergehen bzw. Verunreinigungen aller Art kultisch bereinigt werden können, damit sich die Gottheit nach menschlichem Versagen weiterhin in ihrem Heiligtum, inmitten des Volkes, wohl fühlt und ihren Segen walten lässt. Es ist eine Theologie, die kein Problem hat mit der Theodizee, denn der Zustand des Fluches ist eine Folge menschlichen Versagens in Sachen Gerechtigkeit und unterlassener (Be-)Reinigung. Ihre Anhängerinnen und Anhänger äusserten sich dezidiert gegen jene Theologie, die angesichts der Schoa deklarierte, Gott sei tot. Für sie war die Ewige nicht tot, sondern sie hatte sich zurückgezogen angesichts einer Menschheit, die faschistischen und kommunistischen Gewalttätern und Massenmördern den roten Teppich auslegte. Es ist eine Theologie, die einen schweren Stand hat neben dem zutiefst im (bequemen) menschlichen Gerechtigkeitsempfinden verwurzelten Gottesbild eines Massreglers, der als *deus ex machina* einschreitet, sobald sich Ungerechtigkeiten ereignen. Und aus genau dieser Erwartungshaltung heraus sind die Vorwürfe an Gott im zweiten Versteil zu verstehen. Ein-

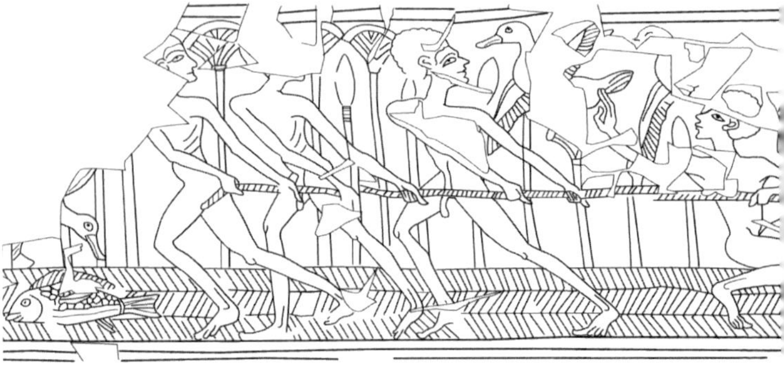

mal mehr macht es uns die Bibel nicht einfach, sondern zwickt uns mit herben Widersprüchlichkeiten, damit wir selber denken und Position beziehen. Die Bibel liest uns (Sölle).

Die Menschen als Fische im Schleppnetz (Hab 1,14–17)

Es folgt eine weisheitliche Sentenz über die Menschen als Fische im Meer, ja als ein Gewimmel von Kriechtieren, über die niemand herrscht und die daher wie Gewimmel gefangen werden können, von solchen, die dazu nicht befugt sind (vgl. Hab 1,6). Was für ein Kontrast zu Gen 1,28, wo der Mensch ganz generell mit der Rolle des Herrschers betraut wird: «Macht sie [die Erde] untertan». Im imperialistischen Kontext finden sich die Unterdrückten nicht mehr als Menschen, sondern als Gewimmel, als gesichtslose Masse.

Schlüsselwort des Lehrgedichtes, das auch im Buch Hiob stehen könnte, ist das dreimalige «Schleppnetz» (hebr. *chæræm*), das auf Hebräisch homonym ist mit dem Wort «Bann». Dieses bezeichnet die Aussonderung von Erbeutetem zur Übereignung an Gott. Die Kriegsführung bedurfte der Beauftragung bzw. Erlaubnis durch eine Gottheit, der im Falle des Erfolgs die Beute geweiht wurde. Dieser Wortsinn schwingt hier mit, denn es geht

Abb. 5: Fragment einer Elfenbeinintarsie aus Tell el-Far'a Süd (13. Jh. v. Chr.). Zu sehen sind nackte Jäger, vermutlich Sklaven, die für den Fürsten, an dessen Möbeln die Szene zu finden war, in den Sümpfen des Nahal Besor mit einem Klappnetz auf Vogelfang gehen. Die scheinbar naturalistische Szenerie erhält durch ihren Sitz im Leben eine imperiale Aussage und widerspiegelt eine Welt, in der Menschen über Tiere dominieren und eine Aristokratie über ihre Untertanen.

um eine Reflexion über Herrschaft. Zweimal wird *chæræm* kombiniert mit «Fischernetz» (hebr. *michmæræt* ; sonst nur noch in Jes 19,8) und einmal zusätzlich mit «Angelhaken» (hebr. *chakah*). Schon auf der sogenannten Geierstele des Eanatum von Lagasch (ca. 2470 v. Chr.) werden die Kriegsgefangenen auf höchst künstliche Weise wie Vögel im Netz des übergross dargestellten sumerischen Herrschers dargestellt. In der Levante war das Motiv über tausend Jahre später präsent auf Elfenbeinintarsien, die die Möbel der lokalen Aristokratie von Ägyptens Gnaden zierten. Eine ästhetisch äusserst appetitliche Entenjagdszene aus dem südlichen Palästina offenbart bei näherer Betrachtung ihre imperiale Botschaft (⟶ Abb. 5). In Ägypten hatte das Fischernetz seinen

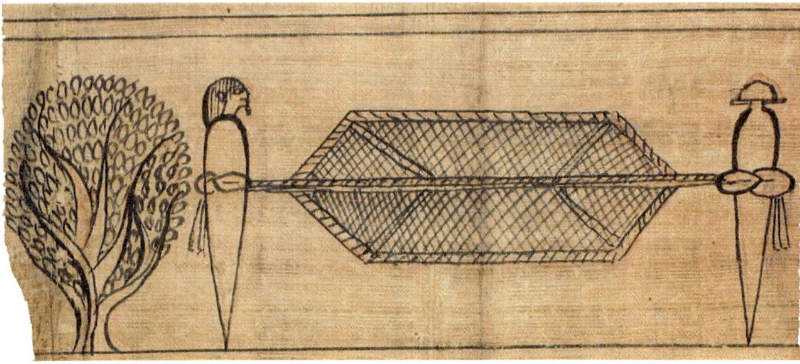

Abb. 6: Detail eines Totenbuchpapyrus der späten 21. Dyn. (um 1000 v. Chr.). Eine der Gefahren des Totenreiches war für die Ägypter ein zwischen Himmel und Erde ausgespanntes Fischernetz: «O ihr Fischer, Kinder und ihre Väter, die ihr fischt, umherziehend in der Wasserflut – ihr sollt mich nicht fangen in jenem euren Netz, in welchem ihr die Müden [die Verstorbenen] fängt …» (aus Totenbuchspruch 153A). Die Kenntnis der Namen von Schwimmer, Senkgewicht und der Spannpflöcke, die das Netz spannen, befähigen den Verstorbenen, den Gefahren zu entgehen.

festen Platz in den Totenbuchsprüchen. Netze gehörten zu den Gefahren des Jenseits, vor denen sich der Verstorbene durch magische Kenntnisse zu schützen hatte (⟶ Abb. 6). Noch in ptolemäischer Zeit taucht das Motiv in hochtheologischer Ausgestaltung im Bildprogramm des Horustempels von Edfu auf (⟶ Abb. 7). Auch in der Orestie des griechischen Dramatikers Aischylos ist das Netz ein Schlüsselmotiv, um die Todesverstrickungen Agamemnons auf den Punkt zu bringen, der sich am Ende gar in der Badewanne im buntgewirkten Kleid seiner redegewandten Gattin verheddert und von ihr ermordet wird.

Habakuk greift somit ein jahrtausendealtes Sujet imperialer Bildrhetorik auf und setzt dabei seine eigenen Akzente. Man kann nur vermuten, dass der Menschenjäger als Fischer in seinem Bildwort noch immer der Kasdäer ist. Ganz eigenständig und neu ist seine theologische Realsatire, wonach der jubelnde, sich an den Menschen sättigende Feind das Werkzeug seiner Machtausübung fetischartig verehrt und ihm Rauchopfer darbringt. Tatsächlich haben die Assyrer vor ihren in den Belagerungscamps parkierten

Abb. 7: Detail von der Innenseite der östlichen Umfassungsmauer des ptolemäerzeitlichen (257–57 v. Chr.) Horustempels von Edfu. Es zeigt den Pharao zusammen mit den Göttern Chnum, Horus und Thot beim Ziehen eines Schlagnetzes über der Hieroglyphe für «Erde/Land». Im Netz befinden sich gebundene Menschen. Der Beischrift zufolge sind es verschiedene Kanaanäer, Phönizier und Nubier. Die Fische und Zugvögel repräsentieren asiatische und nubische Nomaden, die Antilopen und Steinböcke Bösewichter. Auf der gegenüberliegenden, westlichen Mauer befindet sich eine analoge, seitenverkehrte Szene. Beide Szenen befinden sich neben Tordurchgängen. Hier, aber auch an den Toren des Landes, sollen die Feinde abgefangen werden, um den Tempel bzw. Ägypten vor ihnen zu schützen (Kurth).

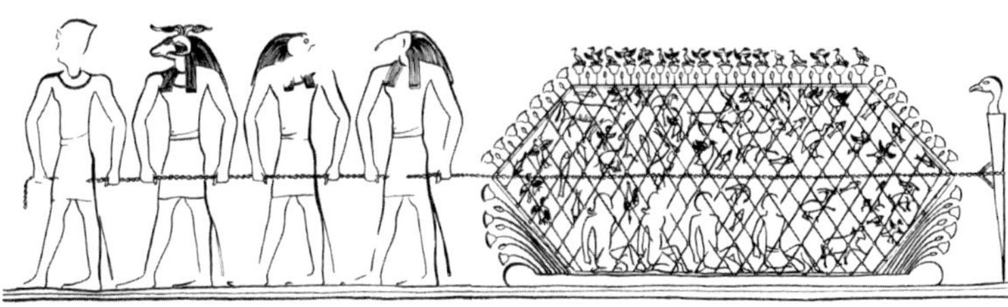

Kriegswagen Rauchopfer dargebracht (⟶ Abb. 8). Das Netz, dem geräuchert wird, steht im Bildwort für dieses Kriegsgerät.

Angesichts des Vordringens der Neubabylonier nach Ägypten wird Ezechiel (Ez 32,3) das Schleppnetzbild in einem JHWH-Wort nochmals in anderer Weise aufgreifen. JHWH, so deklamiert er, wird das Netz über Ägypten ausspannen und es werden nun die Völker (die in der ägyptischen Version von Abb. 7 im Netz sitzen) sein, die es ziehen, mit Ägypten als Beute.

Analog zu V. 13b lässt Habakuk seine Reflexion in eine vorwurfsvolle Frage (an Gott?) münden: Warum darf der Imperialist so handeln? Warum lässt Gott, zu dessen Hauptwesenszügen das Erbarmen gehört (Ps 119,156; 145,9), solch erbarmungsloses Tun, das offenbar die Menschen von Gott unterscheidet (2Sam 24,14), zu? Damit ist die Gottheit definitiv in der Pflicht. Zu diesem Vorwurf kann sie nicht schweigen.

Das Orakelsetting (Hab 2,1–3)

Ganz anders als im bisherigen Text, wo man oft nicht weiss, wo die Grenzen zwischen der Reflexion des prophetischen Empfängers und dem Wort des göttlichen Senders verlaufen, wird dieses Verhältnis nun so genau geschildert wie kaum woanders im Ersten Testament. Habakuk geht buchstäblich auf Empfangsstation. Wieder finden wir die eigentümliche Mischung von sehen («Ausschau halten», «sehen», «Schauung») und hören («antworten», «sagen», «sprechen»). Sie verdeutlicht, dass die Wahrnehmung eines Gotteswortes zwar in Analogie zu menschlicher Kommunikation abläuft, diese aber dennoch transzendiert – aber wie? Sicher nicht in einem übernatürlichen Sinn. Die Regeln der Physik werden nicht ausser Kraft gesetzt. Dafür gibt es im Text keinerlei Hinweise. Im Gegenteil: Ein äusserst

Abb. 8: Detail eines Monumentalreliefs aus Ninive aus der Zeit Sanheribs (701–681 v. Chr.). Zwei assyrische Priester vollziehen vor einem mit Emblemen des Sonnengottes geschmückten Streitwagen (braun eingefärbt) innerhalb eines assyrischen Militärlagers eine Liturgie, bei der auch geräuchert wird..

pragmatisch-praktisches Denken bricht sich hier Bahn. Der Prophet soll das Geschaute «deutsch und deutlich» aufschreiben, damit die Leserinnen und Leser keine Zeit verlieren, und zwar auf eine Tafel. Damit war wohl kaum eine steinerne Tafel gemeint, in die man den Text hätte einmeisseln müssen, und wohl kaum eine Wachstafel, die für eine deutliche Wahrnehmung zu klein gewesen wäre und wo man den Text zu leicht hätte auslöschen können, unangemessen für ein Prophetenwort, dessen Wahrheit sich in der Zeit erfüllt. Am naheliegendsten ist eine hölzerne Tafel, wie sie zu Habakuks Zeiten gebräuchlich waren und in Ägypten in einzelnen Exemplaren erhalten blieben (⟶ Abb. 9). Tatsächlich meint «Tafel, Brett» (hebr. *luach*) normalerweise einen Gegenstand aus Holz (vgl. Ex 27,8; Ex 38,7). Soll man sie sich aus Stein vorstellen, wurde das eigens hinzugefügt: «Tafel aus Stein» (z. B. Ex 24,12; 31,18; 34,1; Dtn 4,13). Hölzerne Tafeln eigneten sich von ihrer Grösse her bestens für prophetische oder weisheitliche Sentenzen. Man konnte sie im JHWH-Tempel aufstellen, um jederzeit verifizieren zu können, ob das Angekündigte nun eingetroffen ist (vgl. Jes 30,8). Und bereits wird antizipiert, dass sich die Prophetie verzögern könnte, weshalb, möglicher Kritik vorbeugend, Geduld angemahnt wird. Die Transzendenz gegenüber üblicher menschlicher Kommunikation bezieht sich demnach am ehesten auf die Intensität der Intuition des Propheten und auf die Gültigkeitsdauer des Vermittelten. In diesem Zusammenhang dürfen und müssen wir konstatieren, dass das von Habakuk empfangene Gotteswort bis heute kopiert, tradiert und interpretiert wird – so auch hier.

Das Orakel (Hab 2,4–5)

Das göttliche Orakel, das Habakuk empfing, kann in seiner Bedeutung für die jüdische und christliche Tradition kaum überschätzt werden. Als Quintessenz der ganzen Tora wurde es taxiert (⟶ Die ganze Tora in einem Satz), zum Ausgangspunkt einer neuartigen Theologie wurde es bei Paulus (⟶ Anknüpfungspunkt für Paulus) und in seinem Gefolge bei den Reformatoren (⟶ Anknüpfungspunkt für Luther). Allerdings ist der Text – nicht ganz erstaunlich bei einem Orakel – alles andere als

Abb. 9:
Tintenbeschriebene, hölzerne Tafel aus Ägypten mit einem Teil der Weisheitslehre des Amenemope (25.–26. Dyn., 746–525 v. Chr.).

eindeutig, wie schon ein Blick in die Übersetzungslandschaft von Habakus 2,4 zeigt:

«Da, gebläht ist sie, in jenem nicht gerad seine Seele,
dieweil der Bewährte leben wird durch sein Vertrauen.»
(Buber/Rosenzweig, 1958)

«Siehe das ‹Urteil›:
Seine Seele ist (nicht) aufrichtig in ihm;
und: er ist gerecht, er wird durch seine Treue am Leben bleiben.»
(Seybold, 1991)

«Lo, his spirit within him is puffed up, not upright,
But the righteous man is rewarded with life for his fidelity.»
(New Jewish Publication Society Translation, 1999)

«Sieh die Aufgeblasenen an – ihr Leben ist unaufrichtig.
Aber wer gerecht ist, bleibt wegen der Treue am Leben.»
(Gerlinde Baumann in der Bibel in gerechter Sprache, 2006)

Sieh, seine Seele ist dahin, sie war nicht rechtschaffen in ihm!
Der Gerechte aber wird durch seine Treue am Leben bleiben!
(Zürcher Bibel, 2007)

«Wenn sie unachtsam ist, ist nicht rechtschaffen seine Seele in ihm,
aber ein Gerechter wird durch seine Treue leben.»
(Fabry, 2018)

«Look, the spirit within him is callous, not upright,
but the righteous man lives through his faithfullness.
(Alter, 2019)

«Ja, ein ‹Vermessener› – dessen Gesinnung ist inakzeptabel,
jedoch ein Gerechter – der wird aufgrund seiner Treue leben.»
(Jeremias, 2022)

Die acht Übersetzungsvarianten verdeutlichen, dass über den zweiten Halbvers weitgehende Einigkeit besteht: Der Gerechte/Bewährte wird durch/aufgrund/wegen seiner Treue/seines Vertrauens/his fidelity/faithfulness (hebr. *æmunah*) (über)leben/am Leben bleiben. Der bibeltheologische Schlüsselbegriff *æmunah* geht zurück auf die Wurzel *amn*, «fest, beständig, dauerhaft sein», aus der auch das in der jüdischen und christlichen Liturgie lebendig gebliebene Bekräftigungswort «Amen» abstammt (z. B. Dtn 27,15ff). Er bezeichnet im Alltag das Verhalten einer Person: Gute Handwerker (2Kön 12,16; 22,7||2Chr 34,12), Wächter (1Chr 9,22), Richter (2Chr 19,9), Priester oder Leviten (2Chr 31,12.15) zeichnen sich durch «Zuverlässigkeit» aus. Oft steht das Wort im Kontrast zu seinem Gegenteil, der Lüge (*schæqær*; z. B. Spr 12,17.22; Ps 119,29f), die ebenfalls ein Verhalten kennzeichnet, insbesondere den Treuebruch gegenüber einem geleisteten Eid oder Vertrag. Am nächsten dürfte dem mit *æmunah* Gemeinten das Wort «Gewissenhaftigkeit» kommen. Es geht um eine Treue gegenüber den Nächsten *und* Gott aus dem Innersten des Herzens heraus. Wo diese fehlt, stehen Recht und Ordnung, ja das ganze Leben, auf dem Spiel. Sie ist den Gerechten eigen und ihrem Vorbild, Gott, auf den gerade in der Not Verlass ist. Genau diese Wechselwirkung zwischen der Treue Gottes und jener der Gläubigen führte zu Varianten in den griechischen Übersetzungen, die für die Auslegungsgeschichte bedeutsam wurden. «Der Gerechte aber wird durch den Glauben (an) *mich* leben», heisst es da, was auch verstanden werden konnte als «durch *meinen* Glauben». In anderen Ausgaben wandert das Pronomen sogar noch weiter nach vorne: «*Mein* Gerechter wird durch Glauben leben».

Probleme bereitet der erste Halbvers und darin insbesondere das nur an dieser Stelle vorkommende Wort *ʿuplah.* In jüdischen Übersetzungen und ihnen folgend in der Bibel in gerechter Sprache wird ein Wort mit der Grundbedeutung «verdickt, geschwollen, gebläht sein» angenommen. Die Rede wäre dann von einer geblähten, aufgeblasenen (*puffed up*) oder verkrusteten, gefühllosen (*callous*), abstrakter von einer vermessenen – kurz: von einer deformierten Seele. Das passt einerseits zur Schilderung des gewalttätigen Kasdäers, aber auch zum Gewaltmenschen im eigenen Volk und es ist eine variierende Parallele zum zweiten ihn charakterisierenden Ausdruck «nicht gerade; nicht rechtschaffen; unaufrichtig; not upright». Fabry übersetzt stärker von der Septuaginta her, die den Text nicht auf den Gewalttäter münzte, sondern auf den Volksgenossen, der falsch auf die Situation reagiert (⟶ Habakuks Edition im Zwölf). Wieder andere Ausleger suchen nach einem ähnlich lautenden, in ihren Augen sinnstiftenderen Ersatzwort. Ein Beispiel dafür ist Seybold, der *ʿuplah* durch *plilah* («Urteil») ersetzen möchte und so zu seiner Übersetzung (siehe oben) gelangt, die das göttliche Urteil unterstreicht. Die Variante der Zürcher Bibel insinuiert offenbar ein Gericht, bei der die Seele des Gewalttäters verschwindet: «Seine Seele ist dahin». Dadurch wird zwar ein grösstmöglicher Gegensatz zum Leben des Gerechten in der zweiten Vershälfte erreicht, aber vermutlich um den Preis der Texttreue. Nicht zu vergessen ist nämlich, dass das hebräische Wort für Seele, *næfæsch*, in der Grundbedeutung die Kehle meint, den sensiblen Engpass am menschlichen Körper, der unsere ganze Bedürftigkeit – Atemnot, Durst, Hunger, stimmliche Ausdrucksfähigkeit – inkorporiert und damit auch die inadäquate Gier des Unersättlichen, des Gewalttätigen. Dazu passen die Ausdrücke der deformierten Seele/Kehle.

Genau diese Unersättlichkeit der Kehle/Seele ist es, über die der Text nun weiter sinniert, ausgehend von einer Aussage über den Wein, jedenfalls wenn man, wie in der Übersetzung der Zürcher Bibel, strikt dem masoretischen Text folgt. Das ist an dieser Stelle aber alles andere als selbstverständlich. Aufgrund der Textüberlieferung sowohl im Pescher Habakuk als auch in der Septuaginta legt sich die Lesung nahe: «Wie trügerisch ist Reichtum» mit zusätzlichen Bedeutungsresonanzen für das mit

Reichtum übersetzte Wort wie «Einbildung, Prahlerei, Schlingsucht» (Balogh). Diese Lesart stellt einen sinnvollen Bezug zum «Aufgeblähten» im vorangehenden Vers her, führt den Gedankengang also im Parallelismus logisch fort, wie er sehr ähnlich auch in Sprüche 28,20 zu finden ist. Sie verdeutlicht auch, dass die Aussage über den Gerechten ein Kontrastvers ist, der durch sein Umfeld heraussticht, was zu seiner intensiven Rezeption beigetragen haben dürfte. Die Kontrastierung des Verbogenen mit dem Gerechten webt dem Tun-Ergehen-Zusammenhang verpflichtete, weisheitliche Denkweise ins Habakukbuch ein und führt die Konsequenzen dieser Grundaussage in den folgenden Wehesprüchen aus (Krüger).

Folgt man der Zürcher Bibel, kann Folgendes gelesen werden: Der Wein schmeichelt den Sinnen der Kehle, allerdings mit der Folge des Verlusts der Selbstkontrolle bei gierigem bzw. süchtigem Überkonsum. (Das Thema wird in Hab 2,16 wieder aufgegriffen.) Anders als Noah, der sein Ziel erreichte, zur Ruhe kam und (nach Gen 9,20) zum Begründer des Weinbaus wurde, wird ein Hagestolz nicht ans Ziel gelangen, wörtlich: zur Ruhe kommen (das hebräische Verb verwendet dieselbe Wurzel, *nwh*, die dem Namen Noah zugrunde liegt). Vielmehr entwickelt er einen höllischen Appetit (*næfæsch!*; Bathélemy). Vom unermesslich grossen Maul der Frevler ist auch in Psalm 73,9 die Rede, dort aber geht es um deren zügellose Rede, hier um das Verschlingen der Menschen gleich der sprichwörtlich (Spr 27,20; 30,15–16) unersättlichen Unterwelt. Die Vorstellung vom Rachen der Totenwelt ist aus dem ugaritischen Baalsmythos bekannt. Von Mot («Tod»), dem Kontrahenten Baals, heisst es dort: «[Eine Lippe zur Er] de,/ eine Lippe zum Himmel,/ [eine Zun]ge zu den Sternen:/ So wird Baal in sein Inneres eintreten,/ in seinen Rachen hin-

Abb. 10: Noch älter als der ugaritische Baalsmythos ist diese Darstellung vom Kampf des Pharao gegen das Nilpferd auf einem Skarabäus, der vermutlich aus dem 18. Jh. v. Chr. stammt und in Palästina gefunden wurde. Das Tier wird im Verhältnis zum Pharao übergross und mit geöffnetem Rachen dargestellt. Viel später, im ptolemäischen Horustempel von Edfu, hat man bei der Darstellung des gleichen Motivs das Nilpferd im Verhältnis zum Pharao winzig klein dargestellt. Beides, die bedeutungsmassstäbliche Vergrösserung und die magisch wirksame Verkleinerung zeigen, dass mit dem Nilpferd, ähnlich wie in der zweiten Antwort Gottes an Hiob (Hiob 40,15), das Böse und Vernichtende in mythischer Form dargestellt werden soll.

absteigen wie eine geschrumpfte [?] Olive, ein Produkt der Erde und eine Frucht der Bäume!» In der kanaanäischen (→ Abb. 10), ägyptischen (→ Abb. 11) und in der griechischen (→ Abb. 12) Welt sind verwandte Vorstellungen auch bildlich bezeugt, wobei das verschlingende Monster sowohl mit der Erde, mit dem Meer als auch mit dem Tod assoziiert wird. Das Untergehen in der Flut und das Hinabfahren in die Erde werden im Gebet Jonas in einem Atemzug genannt (Jona 2,6). Habakuk schildert den

Aggressor hier also als verschlingendes Ungeheuer, das in seiner Schlingsucht wie ein personifizierter Tod alle Völker inklusive Israel einsammelt.

Einleitung zu den Wehesprüchen (Hab 2,6a)

Wehesprüche in den hebräischen Prophetenbüchern sind eine aus der Totenklage heraus entwickelte Kunstform. Ein gesellschaftlicher Missstand wird beklagt als etwas, das den Menschen Tod

Abb. 11: Fixer Bestandteil der ägyptischen Darstellungen vom Totengericht ist die Ammit, «die grosse Fresserin», bestehend aus dem Vorderteil eines Krokodils und dem Hinterteil eines Nilpferds. Hier liegt sie mit leicht geöffnetem Rachen abwartend unter der Wägung des Herzens der Hausherrin Taiuherit. Sollte das Herz für zu leicht befunden werden, wird sie es fressen und die Verstorbene so einen zweiten, definitiven Tod sterben. Detail aus einem Totenbuchpapyrus der 21. Dynastie (ca. 1075–946 v. Chr.).

Abb. 12: Der Andromeda-Mythos, der einzige griechische Mythos, der an der Levanteküste spielt, verarbeitet ältere lokale Mythen über Astarte und das Meer. Er erzählt, dass der Held Perseus Andromeda befreit, die auf einem Riff vor der Stadt Jafo dem Meeresungeheuer Ketos geopfert werden sollte. Diesen Namen trägt der «grosse Fisch», der Jona verschlingt, in der griechischen Version (Jona 1,17; 2,10) und bei Matthäus (Mt 12,40). Er wird mit geöffnetem Rachen dargestellt. Detail einer korinthischen Vase des 6. Jh..

und Verderben bringt. Wehesprüche werden durch den Klageruf «Hoi!» eingeleitet, den die Septuaginta mit «Uai!» wiedergibt, der wiederum dem deutschen «Wehe!» zugrunde liegt. Den Wehesprüchen von Habakuk wird eine Frage vorangestellt: «Werden nicht all diese einen Spruch über ihn machen und eine Anspielung,

Doppelsinniges, auf ihn?» (Hab 2,6a) Die rhetorische Frage soll sicherstellen, dass die folgenden Wehesprüche auf «den Kasdäer» gemünzt sind. Sie werden den von ihnen unterdrückten Völkern gleichsam wie einem Chor im griechischen Theater in den Mund gelegt. Damit wird eine Lesart der Wehesprüche festgeschrieben, die womöglich nicht von Anfang an intendiert war. Viele denken nämlich, dass ursprünglich an die judäische Gesellschaft gerichtete, sozialkritische Weheworte Habakuks nachträglich auf die babylonische Besatzungsmacht umgemünzt worden sind. Plausibilität erhält diese Vermutung durch die auffällige Häufung von Begriffen, die das Folgende als «Spruch», «Anspielung», «Doppelsinniges» charakterisieren. Diese Umprägungsthese verweist auf zwei theologisch unversöhnliche Positionen, die sich vermutlich in fast allen menschlichen Gesellschaften erheben liessen: Die einen suchen die Ursache für ein Unheil selbstkritisch bei sich, die anderen zeigen mit dem Finger auf die andern. Eine gewisse Harmonisierung der beiden Positionen kann dadurch erreicht werden, dass man sagt: Während die Züchtigung des Volkes für seinen Sittenzerfall anfänglich berechtigt gewesen sein mag, so hat der Züchtiger den Bogen mit der Zeit überspannt und die Kritik fällt nun auf ihn zurück. Wie eng imperiale Gewalt und lokale Korruption miteinander verzahnt sind, zeigt heute etwa die Geschichte und Politik vieler afrikanischer Länder.

In diesem Buchteil war es jedenfalls für die Redaktionen der überlieferten Worte Habakuks am einfachsten, ihre eigenen Ansichten einfliessen zu lassen, zu collagieren, fortzuschreiben und ihre Beobachtungen und Worte gleichsam den malträtierten Völkern in den Mund zu legen. Doch wieder wird es mit sehr viel ästhetischem Fingerspitzengefühl getan, so dass die ersten vier Wehesprüche einen wohlkomponierten Abschnitt darstellen. Der erste und der vierte Wehespruch enden in einem Refrain, der die Aussagen rahmt. Er greift mit dem Stichwort «Gewalt» wieder Habakuks Leitmotiv auf. Der fünfte Wehespruch schliesslich ist eine theologische Coda, der die kritisierte Gewaltverherrlichung als Fetischismus entlarvt. Die Wehesprüche sind somit ein weiterer Anlauf, um die Gewalt, die das Leben im Land kennzeichnet, im Detail zu beschreiben.

1	2	3	4	5 (Coda)
Pfändung Verzinsung Verschuldung *Refrain*	Korruption Ausmerzung von Völkern	Fronarbeit durch Völker	Gewalt an Pflanzen und Tieren *Refrain*	Fetischismus

Erstes Wehe (Hab 2,6b–8)

Moralisch belastend waren Pfandgeschäfte für den Gläubiger deshalb, weil das Pfand des Schuldners in der Regel etwas Lebensnotwendiges war, wie der eigene Acker (Neh 5,3), ein Kleid (Ex 22,25–26; Dtn 24,12–13), das Mastrind der Witwe (Hiob 24,3) oder die Handmühle (Dtn 24,6). Wurde es widerrechtlicherweise einbehalten, war der Schuldner in existenzieller Not. Bezüglich des Zinses verbaut die Übersetzung der Zürcher Bibel das richtige Verständnis. Nicht Babylon hat sich bei den Völkern verschuldet, sondern die Kolonialmacht hat die besetzten Gebiete in die Verschuldung getrieben. Wie das funktioniert, schildert kein Text besser und eindringlicher als Gen 47,13–26. Auch aus grammatikalischen Gründen muss Vers 7 lauten (nach

Jeremias, 161): «Werden nicht plötzlich die sich erheben, *die dir Zins zahlen*, und aufwachen, *die dich zittern lassen*?» (Hab 2,7a) Die ökonomischen Mechanismen der Verschuldung haben heute globale Dimensionen und sind selbst für Ökonomen im Detail schwer zu entwirren. Deutlich ist aber zu sehen und zu spüren, dass es die Raubtierkapitalisten (Chesney), die über den Eigenbedarf hinaus Besitzenden sind, die die Regeln zu ihren Gunsten festlegen, sei es zum Beispiel über Notenbanken, die die Zinssätze festlegen, sei es über Behörden, die Zolltarife erlassen, sei es über Devisengeschäfte oder Börsenspekulationen.

Zweites Wehe (Hab 2,9–11)
Der zweite Wehespruch fokussiert auf Wechselwirkungen des Unheils. Es ist daher wichtig zu wissen, dass das Wort «böse» in Vers 9 zweimal vorkommt, wie die Übersetzung von Buber & Rosenzweig erkennen lässt: «Weh, der seinem Haus *böse* Ausbeutung beutet, um in die Höhe zu setzen sein Nest, sich vor der Faust des *Bösen* zu retten!» (Hab 2,9) Mit der Ausbeutung sind hier insbesondere Gewinne aus korrupten, mafiösen Geschäften gemeint (vgl. Spr 15,27). Die «Nester in der Höhe» befinden sich heute elektronisch gesichert auf den Cayman Islands, Guernsey, den Bahamas, in Andorra, Monaco, Bulgarien, einigen Schweizer Kantonen usw. Selbst nach der Aufdeckung von Steueroasen und ihren kriminellen Nutzern in den *Paradise und Panama Papers* gehen diese Praktiken an den meisten Orten ungebremst weiter. Die Banken entwickeln für ihre Kundinnen und Kunden einfach «neue Produkte». Die unter diesen korrupten Geschäften Leidenden sind die ausgebeuteten Völker, die man unter neubabylonischer Herrschaft zusätzlich durch Deportation der kulturtragenden Schichten aufzulösen versuchte – ein schändliches Verhalten, das

als Sünde auf die Übeltäter zurückfällt. Das Finale dieses Wehewortes wendet die thematisierten Wechselwirkungen des Unheils auf sarkastische Weise ins Absurde, Sprichwörtlich-Bildhafte.

Drittes Wehe (Hab 2,12–14)
Der dritte Wehespruch besteht aus einer kreativen Zitatencollage:

Vers 12 beruht auf Mi 3,9:

> «Hört doch dies, ihr Häupter des Hauses Jakob und ihr Oberen des Hauses Israel, die ihr das Recht verabscheut und alles, was gerade ist, verdreht, wer Zion baut mit vergossenem Blut und Jerusalem mit Unrecht!»

Vers 13 beruht auf Jer 51,58:

> «So spricht der HERR der Heerscharen: Die breite Mauer Babels wird geschleift bis auf den Grund, und seine hohen Tore werden im Feuer verbrannt, so dass Völker sich mühen für nichts und Nationen sich abmühen für das Feuer.»

Vers 14 beruht auf Jes 11,9:

> «Nirgendwo wird man Böses oder Zerstörerisches tun auf meinem heiligen Berg, denn das Land ist voll von Erkenntnis des HERRN, wie von Wasser, das das Becken des Meeres füllt.»

Der Blick in die Collagewerkstatt zeigt, dass Mahnworte an die politische Elite in Jerusalem, Drohworte an Babylon und eine Vision aus der Jerusalemer Tempeltheologie munter zu einer neuen Sinneinheit gefügt worden sind, in deren Fokus das Aufreiben von Völkerschaften steht, die sich unter Einsatz ihres Lebens für den Aufbau von baulicher Infrastruktur abmühen. Assyrische und babylonische Könige waren stolz auf ihre logistischen Parforce-Leistungen im städtebaulichen Bereich. In den megalomanen Projekten im Zentrum des Imperiums äusserte sich Macht und Pracht ihrer Herrschaft als «Gabe der Götter». Die menschenrechtliche Schattenseite dieser Projekte gelangte nicht in ihr Bewusstsein, da die Zwangsarbeiterinnen und Zwangsarbeiter nach ihrer Weltsicht nichts anderes erduldeten als das von den Göttern für Rebellen vorgesehene, gerechte Schicksal (⟶ Abb. 13), zugunsten von «Wohnungen der Ruhe», sprich: Ruhe und Ordnung im Land. In den Worten von Nebukadnezzar II.:

> «... die Gesamtheit der weithin wohnenden Menschen, die Marduk, mein Herr, mir geschenkt hat: beim Bau von Etemenanki [Marduktempel] liess ich sie Fron leisten und legte ihnen den Ziegelkorb auf.» (Zylinder Nr. 17)

Demgegenüber äussert sich Gotteserkenntnis nach Jesaja 11,9 ganz praktisch im Unterlassen von Bösem und Zerstörerischem. Im Umkehrschluss resultiert dieser Wehespruch aus der Feststellung von ebendem aus der Perspektive der Peripherie: Böse und zerstörerisch ist, was die babylonische Reichsideologie als Teil der göttlichen Ordnung propagiert.

Abb. 13:
Steinträger bei der Fronarbeit, überwacht von Soldaten.
Detail aus einem monumentalen Alabaster-Relief
aus dem Südwestpalast von Ninive
(700–692 v. Chr.).

Viertes Wehe (Hab 2,15–17)

Der vierte Wehespruch schafft mit dem Thema des Bechers einen abschliessenden Höhepunkt. Da ist zunächst der Becher, den der mit dem Wehewort Bedachte seinem Freund reicht, vermischt mit seiner Hitze, ein Wort, in dem Zorn, sexuelle Erregtheit und Rausch mitschwingt. Der Trank mit aufgeilender Wirkung soll den Freund enthemmen, bis der Nötiger sich an seiner Nacktheit weiden kann. Das Aufdecken der Genitalien war extrem schambehaftet und galt als verwerflich (vgl. Gen 9,21–23; Lev 18). Dem, der solches tut, wird nun seinerseits der Kelch JHWHs in Aussicht gestellt, der seine Vorhaut sichtbar werden lässt. Die Vorhaut, die in Israel (und Ägypten) in einem ritualisierten Akt zivilisatorischer Ästhetisierung entfernt wurde, steht für Unkultur, Barbarentum. Das Motiv vom Kelch oder Becher JHWHs hat seinen Ursprung in der Sitte, dass der Hausherr als Gastgeber seinen Gästen den Becher reicht. Diese Ehrung verwandelt sich in Schmach, Schande und Unheil, wenn sich der Gast, in diesem Fall der Gottesfürchtige, nicht als würdig erweist. Das Trinken aus dem Becher war und ist der Höhepunkt eines Banketts und daher auch ein Motiv des Siegesbanketts in der imperialen Kunst (⟶ Abb. 14). Das Sieges- und Festritual in eine ätzende Kritik zu wenden, die die Aufdeckung der Schande der Trinkenden bewirkt (vgl. Klgl 4,21), war in prophetisches Kreisen als Gerichtsmotiv sehr beliebt. Bei Jeremia ist es der Prophet selber, der den Becher JHWHs in dessen Auftrag Jerusalem und den umliegenden Völkern reicht, begleitet vom überdeutlichen Spruch: «Und sie werden trinken und sich erbrechen und sich wie Wahnsinnige verhalten vor dem Schwert, das ich unter sie sende» (Jer 25,15–29). Ezechiel spricht gar von einem «Kelch des Entsetzens und der Vernichtung» (Ez 23,31–34) in den Händen von

Abb. 14: Assurbanipal liegt auf dem Diwan in der Weinlaube seines Gartens, gegenüber seiner thronenden Gemahlin Assurscharrat, die als gleichsam lebendige Verkörperung des assyrischen Stadtstaates das Mauerkronendiadem und Kleider mit reichen Mauerstickereien trägt. Bedient von Eunuchen trinken beide den Sieges- und Ehrenbecher im Angesicht des Kopfes des elamitischen Königs Teumman, der als Kriegstrophäe in einem Baum des Gartens hängt. Der Stil der elfenbeinverzierten Möbel und der Lotosblume in der Hand des Herrschers verraten levantinisches Design (Ziffer). Die Gesichter des Königspaares und der Kelch Assurbanipals wurden bei der Eroberung Ninives 612 v. Chr. durch die Meder ausgehackt im Sinne eines öffentli-

chen Statements. Das Alabaster-Relief (645–635 v. Chr.) aus dem Palast Assurbanipals in Ninive verdeutlicht so eindrücklich die enorme symbolische Bedeutung des Bechers in der Epoche Habakuks – hier aus der Perspektive der Imperialisten und ihrer Bezwinger, dem neuen persischen Imperium, in der Bibel aus der Perspektive der ohnmächtigen, ausgebeuteten Peripherie und ihrer Propheten.

Samaria und Jerusalem. Das Besondere bei Habakuk ist, dass er diesen Becher jenen androht, die selber mit einem Rauschtrankbecher Schande bewirken. Er verweist damit im Bildwort auf ein Phänomen, das in einer verkürzten, schwarzweissmalenden politischen Analyse oft unterschlagen wird: Der Gewalttäter nutzt die Verführbarkeit seiner Opfer – auf deren Seite sich JHWH nichtsdestotrotz dezidiert stellt, wie besonders Jesaja (51,17–23) betont, wo davon die Rede ist, dass JHWH den Taumelbecher aus der Hand der Stadt Jerusalem nehmen und ihn in die Hand ihres Peinigers geben wird. Habakuk treibt dabei seine Sprachkunst auf die Spitze, indem er den Gedankengang, der mit dem Wort «Schande» (*qalon*) begann mit der wortschöpferischen Steigerung «Kotzschande, Dreck» (*qiqalon*) beschliesst.

Aber nicht nur sprachspielerisch, auch inhaltlich setzt Habakuk am Ende des Bildwortes einen ganz eigenen Akzent, indem er die Schande der Imperialisten mit ihrer Gewalt gegen Pflanzen und Tiere verbindet. Unter Nebukadnezzar muss der Raubbau an den Zedern des Libanon nochmals einen traurigen Höhepunkt erreicht haben, rühmt sich der Machthaber doch auf einer im Libanon gefundenen Felsinschrift (⟶ Abb. 1b) des Abtransports dieser Bäume Richtung Babylon im grossen Stil. Dazu kam die Verwüstung und Überjagung ganzer Landstriche durch die Soldaten in babylonischen Diensten. Indem Habakuk, Träger eines Pflanzennamens (dazu Vers 1,1) den Bumerangeffekt dieser desaströsen Verhaltensweisen ins Feld führt, wird er zu einem Propheten der Ökotheologie *avant la lettre*. Auch hierzu spricht die Herrschaftsikonografie von Abb. 14 nochmals Bände: Während ihre Armeen ganze Landschaften eroberter Völker vernichten, lässt sich das Herrscherpaar in einem Garten feiern, wo schönste Bäume aus all diesen Gebieten gehegt und gepflegt und als siebtes Weltwunder – die hängenden Gärten von Babylon – gefeiert werden. In Habakuks Theologie der Peripherie manifestiert sich in diesem Verhalten abgrundtiefe Gottlosigkeit, die blind dafür ist, dass der Libanon ein Gottesgarten ist (Ps 104,16), ein konkurrenzloses Wunder, dessen Schändung unverzeihlich ist.

Fünftes Wehe – Coda (Hab 2,18–20)

Was ein Bild nützt, hat das soeben besprochene Bildwort vom Becher samt der Auslegung zu Abb. 14 gezeigt. Bilder waren und sind weitverbreitete Medien, die Menschen seit Urzeiten nutzen, um sich gegenseitig die Welt und Weltveränderungen zu erklären. Das gilt auch für Juda und das daraus hervorgegangene Judentum, für das Bilder sehr wichtig waren, bis hin zu vollständig ausgemalten Synagogen. Das also ist im fünften Wehe nicht gemeint, wenn der Nutzen von Bildern in Frage gestellt wird. Gemeint sind skulptierte oder gegossene Figuren, die als Kultbilder die Funktion hatten, die Gottheit im Allerheiligsten ihres Hauses zu vergegenwärtigen, sie im Orakel sprechen zu lassen, Opfer und Gebete der Menschen entgegenzunehmen – wie es heute noch zum Beispiel in hinduistischen Tempeln erlebt werden kann. Diese Form der Gottesvergegenwärtigung lehnte die jahwistische Priesterschaft und Prophetie dezidiert ab. Kultbilder dieser Art wurden als Mistgötzen oder Nichtse bezeichnet und in Spottgedichten (vgl. Jes 40,19–20; 41,5–7; 44,9–20; 46,5–7; Jer 10; Pss 115 und 135) verhöhnt, in völliger Verkennung oder bewusster Missachtung der komplexen Theologie, die mit diesen Bildern einherging. Habakuks Miniversion ist ein Kondensat dieser Gattung. Sie wurde in die Abfolge der Wehesprüche aufgenommen, doch das «Wehe!» steht hier nicht am Anfang, sondern in der Mitte. Es ist ein Wehespruch ausser der Reihe, eine Coda im Sinne einer abschliessenden Reflexion: Der tiefste Grund für all die kritisierte Gewalt ist die Verwechslung von Geld, Macht, Armee und Waffen mit der lebendigen Gottheit. Die Machthaber im eigenen Volk, die Ägypter, die Babylonier verfielen immer wieder der Faszination der von ihnen selbst inszenierten Kultur, deren Ausstrahlung auf die Armen im Volk oder die unterjochten Völker sie vertrauten. Diese Enthüllung ist der wahre Kern der Fetisch- oder Götzenkritik. Die Coda ist aber zugleich Überleitung zur Gotteserscheinung im abschliessenden Buchteil.

Dazwischen steht ein Vers (Hab 2,20), dessen Kontrast zum Vorangehenden und Folgenden und dessen Einfachheit seine Wirkung nicht verfehlt. Nochmals (vgl. Hab 1,12) wird Gottes Heiligkeit und damit seine Andersheit in Erinnerung gerufen. Die Erfahrung JHWHs, des lebendigen Gottes, verhält sich gerade umgekehrt zu jener der Gottnichtse. Während jene inmitten ihrer lärmenden Verehrer – so jedenfalls die Karikatur in der berühmten Erzählung vom Goldenen Kalb – stumm sind (Ex 32,17), verstummt die ganze Erde vor IHM. Auch im Buch Sacharja 2,17 markiert Stille den Moment vor Gottes Erscheinen in seiner zentralen vierten Vision, im Buch Zefanja 1,7 vor dem Tag JHWHs und in der Offenbarung des Johannes 8,1 bei der Öffnung des siebten Siegels.

2 Gebet mit Hymne (Hab 3)

Das eigentliche «Gebet» Habakuks umschliesst eine Hymne auf Gott, die aus einem beschreibenden Er-Teil und einem beschwörenden Du-Teil besteht.

Gebet, Teil I	Hymne		Gebet, Teil II
V. 2	V. 3–7 (Er-Teil)	V. 8–15 (Du-Teil)	V. 16–19

Habakuk zitiert in diesem Mittelteil eine uralte Hymne. Der Grund dafür ist die enorme Bedeutung, die das Alter einer Gottheit und die in ihrem Kult verwendeten Riten und Hymnen für die Vergewisserung ihrer Effektivität hatte. Es ist ein Habakuk wichtiger theologischer Aspekt (vgl. Hab 1,12), der wiederum in der Jesajaschule besonders deutlich fassbar wird, wenn dort JHWH von sich sagt, dass er der rettende Gott ist, der jetzt tut, was er schon in der Vorzeit (*miqædæm*) verheissen hat (Jes 45,21; 46,10; vgl. Mi 5,10; 7,20). Ja, was hat er denn verheissen? Genau das wollte Habakuk zeigen, indem er alte Texte hervorholte. Damit wollte er Gott in die Pflicht nehmen und seinem Publikum Grund geben, zu vertrauen. Es ist keine «Antwort Gottes» (so Jeremias), sondern ein Ausdruck der Erwartungen Habakuks, basierend auf Überlieferungen. Dass es sich in der Tat um einen archaischen Text handelt, der vor dem 7. Jh. v. Chr. entstanden sein musste, wurde grammatikalisch nachgewiesen (zuletzt von Henson). Nichts spricht dafür, in diesem Text eine späte Einfügung oder eine Art Anhang zu sehen, wie viele Ausleger behaupten. Im Gegenteil! Für Habakuk war es wichtig, den archaischen Charakter der Gottheit aufzuweisen, in die er sein Vertrauen setzte. Die späteren Überlieferer taten sich hingegen schwer mit der Hymne und wären kaum auf die Idee gekommen, einen Text hinzuzufügen, den sie nicht mehr wirklich verstanden. Im besten Fall kopierten sie getreulich die Buchstaben. Im schlechteren Fall versuchten sie den alten Worten einen neuen Sinn zu geben, korrigierten in der Folge den Text sinnentstellend oder fügten Glossen ein. Wir sind heute in einer besseren Lage als die Redaktoren des Zwölfprophetenbuchs in persischer oder frühhellenistischer Zeit. Die Tempel, Paläste und Gräber der Eisen- und Bronzezeit, in denen sie noch Bilder jener Gottheit hätten sehen können, die der Hymnus schildert, lagen damals längst unter Trümmern. Uns aber wurden sie durch die Archäologie teilweise zurückgegeben und wir können sie für die Deutung verwenden.

Zweite Überschrift (Hab 3,1)
Inhaltlich bleibt die zweite Überschrift innerhalb des Habakukbüchleins rätselhaft, weil bis heute ungeklärt geblieben ist, was «nach Art der Schigjonot» meinen könnte, doch formal verdeutlicht sie, dass – zumindest für die Herausgeber – erst jetzt etwas Neues beginnt. Zwar kennzeichnet das ausdrückliche Einstehen auf dem Posten (Hab 2,1) einen Situationswechsel gegenüber dem Lamento des Propheten, mit dem das Büchlein beginnt. Doch all das fungiert unter dem «Lastwort», das Habakuk «geschaut» hat. Es will als ein grosser Sinnzusammenhang gelesen oder gehört werden. Erst mit der Stille vor der universalen Gottheit tritt eine Zäsur wie zwischen zwei Sätzen einer Symphonie ein. Wir räuspern uns und spitzen die Ohren neu.

Gebet – Teil I (Hab 3,2)
Der Anfang des Gebetes Habakuks schafft einen Sinnzusammenhang durch seinen ganzen Stoff hindurch. Allerdings macht es die Zürcher Bibel mit ihrer eigenwilligen Übersetzung des masoretischen Textes den Lesenden schwer, ihn zu erkennen. Verständlicher wäre: «Ich habe, JHWH, dein Werk gefürchtet.» Ursprünglicher ist an dieser Stelle aber wohl das in der Septua-

ginta bewahrte «sehen» (*ra'ah*) statt «fürchten» (*jarah*), also: «Ich habe, JHWH, dein Werk geschaut.» Damit schliesst der betende Prophet einen Bogen zu seiner hörenden Schau, die bereits eingangs (Hab 1,1–3) und auf dem Posten (Hab 2,1–3) Thema war, bekennt und bekräftigt die Zeugenschaft des Geschauten. (Zu einem rezeptionsgeschichtlich bedeutsamen Zusatz der Septuaginta an dieser Stelle siehe ⟶ Von Jesus bis Bartholomé de las Casas: Habakuk als Statist im christlichen Imperium mit Abb. 33a-b) Zugleich richtet Habakuk jetzt den Blick bittend nach vorn: Lass das Geschaute Realität werden! Die griechische Übersetzung braucht in diesem Zusammenhang das Wort *kairós* («richtiger Augenblick»), das sie schon in Habakuk 2,3 verwendet hat (⟶ Habakuks Edition im Zwölf). Die wunderbare Formel «In der Erregung (Zürcher Bibel: Zorn) denke an das Erbarmen» ist ein Appell an Gottes Gebärmutter, die sich etymologisch im hebräischen Wort «Erbarmen» verbirgt. Jeremia hat den Zwiespalt in Gottes Innerem eindringlich beschrieben: Angesichts des Starrsinns Efraims, war zornige Züchtigung durch ein Weltgeschichte schreibendes Imperium angesagt, doch angesichts seiner Umkehr muss JHWH immer wieder an ihn denken, bewegt von seinen mütterlichen Gefühlen. (Jer 31,15–20)

Er-Hymne (Hab 3,3–7)

A Gott kommt aus Teman
und der Heilige vom Berg Paran. *Sela.*
B Seine Hoheit bedeckt den Himmel,
und sein Ruhm erfüllt die Erde.
X Und da wird ein Glänzen sein wie das Licht,
ein doppelter Strahl geht aus von seiner Hand,
und dort ist seine Kraft verborgen.
Vor ihm her zieht die Pest,
und auf dem Fuss folgt ihm die Seuche.
B' Er trat auf und mass die Erde ab,
er sah hin und schreckte Nationen auf,
und die ewigen Berge brachen auseinander,
die ewigen Hügel duckten sich.
Die ewigen Pfade sind sein!
A' Unter dem Unrecht
sah ich die Zelte von Kuschan:
Sie zitterten,
die Zeltdecken des Landes Midian.

Die in kunstvoller Symmetrie gestalteten Aspektvarianten von Gottes Kommen in der beschreibenden Er-Form werden gerahmt durch Verse (**A/A'**) mit Landschaftsnamen: Teman («Süden»), Gebirge Paran (westlich oder östlich des Golfes von Aqaba), Kuschan (Wohnraum der Kuschiter/Äthiopier), Midian (Wohnraum der Midianiter in Nordwestarabien). Sie verweisen ins Gebiet um den Golf von Aqaba, vermutlich eher östlich davon. Teman als Verehrungsstätte JHWHs wird mehrmals auf den Inschriften von Kuntillet Adschrud, einer Karawanenstation im nördlichen Sinai aus dem 8./7. Jh. v. Chr. genannt. In zwei mit Habakuk 3 verwandten, archaischen Hymnen, die ebenfalls von den uralten Zeiten, von der Herkunft JHWHs handeln, ist teils von denselben, teils von weiteren Orten aus der Gegend die Rede, von Seïr, von Edoms Gefilde und von «dem vom Sinai» in Richter 5,4–5, vom Sinai, von Seïr, dem Gebirge Paran und Meribat-Kadesch in Deuteronomium 33,1. Zu diesen hymnischen Erinnerungen gesellen sich die Erzählungen von Moses Verschwägerung mit einer midianitischen Sippe nach seiner Flucht aus Ägypten, bei denen er als Viehhirte den Gott JHWH kennenlernt (Ex 3) und vielleicht darf man in diesem Zusammenhang auch die metallverarbeitenden Keniter des Negev als Vermittler Richtung Juda erwähnen, die in einigen Texten die Rolle der Midianiter übernehmen (Num 10,29–32; Ri 1,16). Kurz: Ein ganzes Bündel gewichtiger Narrative sieht die Ursprünge JHWHs im südjordanischen bzw. nordwestarabischen Raum (oder südlich des Negev?). Umso auffälliger ist, dass der von Habakuk zitierte oder kompilierte Hymnus JHWH nicht namentlich nennt. Vielmehr wird Gott als «Eloah» (vgl. Ps 18,32, wo die Gleichsetzung von Eloah mit JHWH betont wird) und «Heiliger» (vgl. dazu Hab 1,12) bezeichnet. Waren die Texte vielleicht ursprünglich mit einem anderen Gottesnamen verbunden? Etwa mit Qaus, dem JHWH stark verwandten Gott der Edomiter?

Die innere Klammer (**B/B'**) thematisiert die die ganze Erde durchschreitende Gottheit (⟶ Abb. 15), unter der sich die Hügel ducken (⟶ Abb. 16) oder gar auseinanderbrechen. Das Wort Erde (*æræts*) markiert die Klammer um die Mitte deutlich, zuerst am Ende, dann am Anfang des Verses. Mit der Wortverbindung «Himmel und Erde» wird die kosmische Dimension der Gottheit unterstrichen. Die Verbenkombination «bedecken» und «erfül-

Abb. 15 : Der mit Speeren und Keule bewaffnete, über die Berge schreitende, sie spaltende (?) Wettergott wird von der sich entschleiernden syrischen Göttin auf dem Stier empfangen. Sonne und Mond zwischen den beiden Gottheiten verorten das von den Menschen bejubelte Liebesdrama im Kosmos, wo die Vereinigung des Gewittergottes mit der Erde, die während des trockenen Sommers das Vegetationskleid ausgezogen hat, neues Leben generiert. Altsyrisches Rollsiegel, 18. Jh. v. Chr.

len» wurde von Habakuk schon in 2,14 (vgl. Jes 11,9) verwendet, dort für die Erkenntnis des Glanzes Gottes, die die Erde «erfüllt», so wie das Wasser den Meeresgrund «bedeckt». Sie erinnert auch an die Wolke, die das Zelt der Begegnung «bedeckt» und an die Herrlichkeit JHWHs, die dessen Wohnung «erfüllt» (Ex 40,34).

Im Zentrum (X) der Gotteserscheinungshymne steht eine Göttertriade. Die Gruppierung von Gottheiten zu einer Triade war in Ägypten und der Levante ein weitverbreitetes Konzept, um die Multiaspektivität des Göttlichen systematisiert zum Ausdruck zu bringen. Meistens handelt es sich um eine Minifamilie,

Abb. 16: Die sich duckenden Berge gehören zur Ikonografie des siegreich einherschreitenden hethitischen Wettergottes Teschub, der von seiner Partnerin Hepa empfangen wird. Der Stadtfürst von Jerusalem, der im erhalten gebliebenen Briefverkehr mit seinem Oberherrn Echnaton (ca. 1351–1334 v. Chr.) in Ägypten bekundet ist, trug den Namen Abdi-Hepa, «Diener der Hepa». Die hethitischen Kulturwurzeln der Stadt Jerusalem waren dem Propheten Ezechiel über siebenhundert Jahre später noch sehr bewusst (Ez 16,45). Detail aus den Felsreliefs von Yazılıkaya (Türkei), 1240–1215 v. Chr.

bestehend aus Vater, Mutter und Sohn. Die Triade von Memphis (heute Kairo) beispielsweise bestand aus dem Schöpfergott Ptah, der in menschlicher Gestalt, aber auch als Apisstier verehrt wurde, der Göttin Sachmet, «die sehr Mächtige», die mit Krankheiten und deren Heilung verbunden wurde, und Nefertem, «der vollkommen Schöne», der mit der Lotosblume auf dem Kopf jegliche Erneuerungskräfte verkörperte. Bestens bezeugt ist auch die Triade der Judäerinnen und Judäer, die unter den Persern auf der Nilinsel Elephantine als Söldnerinnen und Söldner dienten. Sie verehrten neben Jahu die Göttin Anat-Bethel und den Kindgott Aschim-Bethel, Letzterer vielleicht wiederzugeben als «Der Name von Gotteshausen».

Die archaische Gottheit im Hymnus von Habakuk wird als Lichtgottheit geschildert (Hab 3,4), flankiert von zwei Seuchengottheiten (Hab 3,5). Licht und Luft sind die beiden Elemente, die den ganzen Raum zwischen Himmel und Erde erfüllen und grundlegend sind für jegliches Leben. Ikonografisch sind sie, im Gegensatz zu Himmelskörpern wie Sonne und Mond, schwer zu fassen. Die Ägypter haben jedoch mit der Feder ein treffliches konnotatives Zeichen dafür gefunden. Die Feder bewegt sich beim leisesten Windhauch und im Gefieder des Falken widerspiegelt sich das Licht in schillernden Farben. So trug der bedeutende, meist als Falke dargestellte Lichtgott Re-Harachte auch den Titel «Buntgefiederter» und der Licht- und Luftgott Schu konnte wie Ma'at, die weltkonstitutive Ordnung, mit der Feder repräsentiert werden. Baal, von den Ägyptern mit Seth identifiziert, ikonografisch erkenntlich an seiner Zipfelmütze, wurde gerne als geflügelte bzw. gefiederte Gottheit dargestellt und damit in seiner glänzenden Erscheinungsform. Manchmal wird dieser Aspekt sogar gegenüber seiner kämpferischen Erscheinungsform ins Zentrum gerückt. Gerade für diesen Baal-Seth ist auch die Kombination mit dem Seuchengott Reschef (⟶ Abb. 17) und weiteren Gottheiten bekundet (⟶ Abb. 18). Das Motiv vom doppelten Strahl (oder Horn – beide Übersetzungen sind mög-

Abb. 17: Der geflügelte Baal-Seth auf dem Löwen und Reschef auf der Antilope finden sich auf Stempelsiegelamuletten der frühen Eisenzeit (12.–10. Jh. v. Chr.) oft in Kombination. Stempelsiegel vom Tell Far'a Süd.

Abb. 18 (rechts): Ein Pyramidenstumpfsiegel vom Tell Qasile zeigt den geflügelten Baal-Seth auf der Stempelfläche des Siegels (ganz rechts), flankiert von Uräusschlangen, die seine Heiligkeit betonen. Auf den vier Seiten des Siegels erscheinen (v.l.n.r.) eine Sphinx, der Gottesname Amun unter einer geflügelten Sonnenscheibe, der Gott Reschef auf der Antilope und eine weitere, nicht genau zu identifizierende Gottheit auf einem Trägertier.

lich; ⟶ Abb. 19) in seiner Hand erinnert an die oftmals verdoppelten oder kombinierten Waffen in der Hand des Wettergottes (⟶ Abb. 15) oder an die Blitzbündel (⟶ Abb. 26). Die Kombination von Licht- und Seuchengottheiten vereint die faszinierenden und erschreckenden Aspekte des Heiligen und zeigt damit die majestätische Andersartigkeit des Göttlichen hervorragend.

Abb. 19: Der geflügelte Baal-Seth kämpft in Diensten des Sonnengottes gegen (nicht mehr erkennbare) Feinde. Auf diesem Stelenfragment trägt er einen typisch kanaanäischen Schurz. Starke Hörner markieren seine Göttlichkeit. Anstelle des Sethtierkopfes (⟶ Abb. 23a-c) hat er einen Stierkopf, der ihn stärker dem levantinischen Baal annähert. In seiner Rechten führt er den Speer, aus seiner Linken scheint ein Lichtstrahl zu treten.

Du-Hymne (Hab 3,8–15)

A Ist dein Zorn, HERR, gegen Ströme,
gegen die Ströme entbrannt,
deine Wut gegen das Meer,
dass du daherfährst mit deinen Pferden,
in deinen siegreichen Wagen?

B Bereitgemacht, geweckt wird dein Bogen,
Flüche von Geschossen ist die Kunde!
[alt.: Sieben Stäbe hast du geordert.] *Sela.*

C Du spaltest das Land, dass Ströme
hervorbrechen.
Haben sie dich gesehen, so erbebten
die Berge,
Sturzregen ist herangezogen,
die Urflut lässt ihre Stimme hören,
in die Höhe hat sie ihre Hände erhoben.

X Die Sonne, der Mond stehen still
in ihrer erhabenen Wohnung,
im Licht bewegen sich deine Pfeile,
im Glanz das Blitzen deines Speers.

C' Voller Wut schreitest du über die Erde,
voller Zorn zertrittst du Nationen.
[Zur Rettung deines Volks bist du
ausgezogen,
zur Rettung deines Gesalbten,]
du hast den First [alt.: das Haupt] vom Haus
des Übeltäters geschlagen,
den Sockel freigelegt bis auf den Fels
[alt.: bis zum Hals]. *Sela.*

B' Mit seinen eigenen Pfeilen [alt. Stäben]
hast du den Kopf seiner Anführer durchbohrt,
sie sind losgestürmt, um mich zu zerstreuen
in ihrem Übermut,
als wollten sie den Armen verschlingen im Versteck.

A' Mit deinen Pferden hast du dir einen Weg gebahnt
durch das Meer,
durch das Brausen grosser Wassermassen.

Die Du-Hymne fokussiert auf die dynamischen Aspekte der Theophanie und steigert sie durch die vertrauliche Anredeform noch zusätzlich. Der Text ist gespickt mit Verben der Bewegung und evoziert so das komplexe Bild einer durch und durch aktiven und effektiven Gottheit, wobei die einzelnen Motive wiederum dem Image der Kriegs- und Wettergötter in der Bildkunst entliehen sind und poetisch in kunstvoller Symmetrie zu einem literarischen Gesamtbild gestaltet werden. Nur im ersten Vers wird die Gottheit als JHWH angesprochen, ansonsten fällt kein Gottesname. Damit schafft Habakuk einerseits ein Gegengewicht zu Eloah in der Er-Hymne und zugleich kann er die alten Verse, die vermutlich mit anderen Götternamen verbunden waren, problemlos unter diesem Intro einfügen.

In der äusseren Rahmung (**A/A'**) dieses Bildes finden wir das Motiv des im von Pferden gezogenen Wagen dahinpreschenden Feldherrn. Es entstammt der in der Südlevante über Jahrhunderte hinweg äusserst präsenten ägyptischen Propaganda der Pharaonen, die sich als aktive, siegreiche Götter und zugleich Diener der höchsten Gottheiten inszenierten (⟶ Abb. 20–21). In den neohethitischen Stadtstaaten wurde das Motiv imitiert, jedoch unter Verzicht auf die Vergöttlichung der Fürsten (⟶ Abb. 22).

Abb. 20 (links): Pharao Ramses II., selbst auf der winzigen Bildfläche eines Skarabäus durch den Uräus an seiner Stirn als Gottheit gekennzeichnet, kämpft im Streitwagen gegen Feinde. Die beiden Zugpferde werden äusserst dynamisch einhersprengend dargestellt.

Abb. 21 (Mitte): Der Pharao, beschützt von den höchsten Göttern (geflügelte Sonnenscheibe, Falke), belüftet von einem Wedelträger, kehrt siegreich von der Schlacht heim, über die Leichen der Feinde hinwegfahrend. Skarabäus aus Jafo (13.–11. Jh. v. Chr.).

Abb. 22 (rechts): Darstellung eines Streitwagens mit Lenker und Bogenschützen, gezogen von einem Pferd im äusseren Burgtor der Stadt Sam'al, nordwestlich von Aleppo (10. Jh. v. Chr.). Der getroffene, nackte Feind, der nach dem Pfeil in seinem Hintern greift, liest sich wie eine Feindesverhöhnung.

In der Hymne wird es der realen Sphäre vollständig entrückt in den mythischen Kampf gegen das Meer, besonders durch die Pluralisierung der Rosse und Wagen, die nun zusätzlich das Bild des am Himmel einherfahrenden Wolkenfahrers abrufen (vgl. Dtn 33,26; Ps 68,5.34; Ps 18,11; 104,3).

Das Meer mit seinen brausenden Wassermassen ist eine Mythisierung der Feinde bzw. Fremdvölker, die ständig bekämpft werden mussten, jedoch genausowenig für immer bezwungen werden können wie das ständig bewegte Meer. Damit wird zu Beginn und am Ende der Hymne, ähnlich wie in anderen Texten des Ersten Testaments (Ps 74,13; 77,17; 104,9; Hiob 38,10–11; Nah 1,4), nochmals ein wichtiges Element aus der Ikonografie Baal-Seths aufgegriffen. Dessen Aufgabe war der (ewige) Kampf gegen Jam, das Meer (⟶ Abb. 23a-c), aber auch die Kontrolle der lebenswichtigen Flussgewässer, die sich in der Regenzeit in reissende, tödliche Sturzwasser verwandeln konnten (⟶ Abb. 24).

Die zweite Klammer (**B/B'**) greift das Bild von der bogenschiessenden Gottheit auf. Die reiche Fachdiskussion zu diesen Versen favorisiert die von Jeremias vorgeschlagene Übersetzung. Sie beruht auf sprachlichen und inhaltlichen Parallelen in ugaritischen Mythentexten. Dort heisst es von Anat: «Mit dem Stab vertrieb sie die Beleidiger,/ mit ihrer Bogensehne die Streitenden». Die Göttin selber sagt von sich: «Habe ich nicht erschlagen den Liebling Els, Jammu [Meer],/ habe ich nicht vernichtet Naharu [Fluss], den grossen Gott?/ Habe ich nicht gebunden Tunnanu [Meeresdrache], ihn völlig vernichtet? Ich habe erschlagen die sich windende Schlange,/ die Mächtige mit den sieben Köpfen.» Dieselbe Kombination von Bogen und Stab finden wir auch hier. Der Stab in der Hand Anats kann mal die Gestalt eines Speers, mal einer Keule, mal einer Blüte haben. Die Ambivalenz der Waffe, die im Moment den Tod und in der Konsequenz das Leben bringt, wird auf syrischen Darstellungen oft thematisiert, sogar in der Siebenfaltigkeit (⟶ Abb. 25). Diese begegnet auch in einem ugaritischen Text, der von der Inthronisation Baals handelt: «Baal sitzt [thronend] wie ein Berg, Haddu […] wie der Himmelsozean, inmitten seines Berges, göttlicher Zafon, in [mitten von] dem Berg des Sieges, [mit] sieben Blitzen, acht Gewit-

Abb. 23a-c: Baal-Seth wurde mit dem zoologisch unbestimmbaren Kopf des Gottes Seth dargestellt und mit der Zipfelmütze Baals, sehr oft geflügelt und mit den für Kanaan typischen Schurzquasten. Seine Göttlichkeit wurde entweder vorderasiatisch durch Hörner (Abb. 23c; ⟶ Abb. 19) oder ägyptisch durch eine Uräusschlange an der Stirn (Abb. 23a-b) markiert. Jam, das Meer wird als gewellte Schlange mit Hörnern visualisiert. Baal-Seth agiert im Auftrag der Sonne (Re), die entweder vor, über oder hinter ihm dargestellt wurde, bald mit einem Speer, bald mit einer Keule drohend oder nur durch seine Präsenz das Meer/die Feinde einschüchternd. Stempelsiegel des 13.–11. Jh. v. Chr. aus Qantir (Ramses-Stadt im Nildelta), Far'a Süd und Lachisch. (Keel, Seth-Baal)

terwolken [?], Baumblitz [...]» Habakuk bezieht die dergestalt bekämpften Widersacher direkt auf sich bzw. auf die Armen im Volk. Das illustriert die Bedeutungsbreite der mythischen Bilder, die bald auf kosmische Vorgänge, bald auf die Welt des Einzelnen bezogen werden konnten, wie es in den Psalmen sehr oft passiert.

Die innere Klammer (**C/C'**) treibt die Dramatik des Kampfes auf die Spitze. Ganz ähnliche Sätze finden sich in Psalm 77,17–19. Sowohl Habakuk als auch der Psalmist konnten aus denselben alten Quellen schöpfen, die ihnen vielleicht in einer Tem-

Abb. 24: Eine Gottheit setzt ihren Fuss und ihren Speer kontrollierend auf einen Fluss, der dem Gebirge mit der thronenden Gottheit entspringt und die Vegetationsgöttinnen versorgt. Akkadisches Rollsiegel aus Mari (ca. 2350–2150 v. Chr.).

pelbibliothek oder auf Stelen vorlagen. Sturzfluten, Erdbeben, und eine Gottheit voller Wut und Zorn prägen die Szene, die vom Kampf gegen das Chaos handelt. Es ist die ausser Rand und Band geratene Urflut (hebr. *tehom*), die brüllt und gestikuliert (→ Abb. 26). Über ihr hatte Gott nach Genesis 1,2ff eine geordnete Welt ins Dasein gesprochen, die nun gefährdet ist. Nun muss die Gottheit, der Flüsse, Berge und Regen gehorchen, eilen, um zu retten. Im zweiten Teil der Klammer kippt das Bild ins Politische. Die urflutartig tobenden Mächte sind die Nationen auf der Erde. Vor lauter brachialer Rhetorik ging beinahe vergessen, worum es bei diesem Kampf geht. Das passiert leider oft, wenn Chaoskampfmythen propagiert werden. Der Feind verliert dann mehr und mehr sein menschliches Angesicht, der Verteidiger wird in seinem «gerechten Krieg» selber zur Bestie und der

Abb. 25: Das altsyrische Siegel (ca. 1850–1720 v. Chr.) thematisiert den aufwändigen Kampf gegen die Mächte des Chaos in Gestalt einer gekringelten und gehörnten Schlange. Bewundert von zwei Priestern widmen sich ihm drei Gottheiten mit unterschiedlichen Stäben in den Händen, teils Waffen, teils Blüten, teils Blitzbündel. Zusammen mit dem Stab in der Hand des vorderen Priesters sind es sieben Stäbe.

Kampf verstetigt sich sinnlos. Vermutlich eine Glosse schiebt den Zweck nun nach: Es geht um die Rettung des Volkes und seines Gesalbten, also des Königs. Aha! Aber war die politische Urgewalt der Kasdäer nicht wegen eben dieses Volkes und seines Ungehorsams entfesselt worden? Und war nicht gerade dessen Gesalbter Zidkija, der sich entgegen den Ratschlägen der Propheten von Babylon lossagte, ein guter Teil des Problems? Ja, aber das Mittel zur Besserung ist nun selber zum Problem geworden. Das ist das Dilemma der Konflikte, die nach dem Schema des Chaoskampfes angegangen werden.

Am Ende wird der Kopf des Übeltäters zerschmettert und sein Haus, sprich: seine Dynastie entblösst von der Basis bis zum

Abb. 26: Das assyrische Rollsiegel (8.–7. Jh. v. Chr.) zeigt den Gewittergott schwer bewaffnet und im Laufschritt in Richtung Kopf des Chaosdrachens eilen. Er wird von zwei Helfern unterstützt, von denen einer die Urflut zu beschwören versucht, die, wie in der Hymne Habakuks, ihre Hände erhebt. Wer soll vor dem Drachen geschützt werden? Die zu rettende Grösse fehlt in dieser Darstellung.

Hals. Die Übersetzung der Zürcher Bibel versteht Haus im Sinne eines Gebäudes, muss dann aber das Wort «Hals» (*tsawar*) in «Fels» (*tsur*) ändern. Mit dem Zerschlagen der Hauptes scheint der Konflikt gelöst, aber in den Ressentiments der Erniedrigten keimt schon der nächste: «Ich bin der Sieg,/ mein Vater war der Krieg/ der Friede ist mein lieber Sohn,/ der gleichet meinem Vater schon» (Fried , I 564).

Im Zentrum (**X**) der Du-Hymne steht wieder die göttliche Lichterscheinung der waffenstrotzenden Gottheit, diesmal begleitet von Sonne und Mond, die ehrerbietig stillstehen. Das erinnert an Bildkonstellationen des Wettergottes und seiner Partnerin aus der kanaanäischen Blütezeit (⟶ Abb. 27; ⟶ auch Abb. 15). Rund tausend Jahre später, in assyrischer Zeit, betonte

Abb. 27: Auf einem altsyrischen Rollsiegel (1850–1720 v. Chr.) agieren der Wettergott und die Göttin im Angesicht von Sonne und Mond, die ganz statisch über einem stilisierten Baum erscheinen. Der Wettergott hat Hörner, die zugleich auf seinen göttlichen Glanz verweisen. Das ist sehr nahe bei der von Habakuk beschriebenen Konstellation in der Mitte seiner Du-Hymne.

man stärker die glanzvolle Erscheinung des Wettergottes im Kontrast zum Wolkenhimmel (→ Abb. 28). Habakuk kombiniert beide Traditionen. Es scheint als hätte er sich bemüht, so viele Aspekte des dynamischen Wettergottes zu kumulieren wie nur möglich, um sich der Wirkmächtigkeit seines von Alters her wirksamen Gottes zu vergewissern.

Gebet – Teil II (Hab 3,16–19a)

In der Ich-Form knüpft der abschliessende Gebetsteil an den ersten an, ohne dass dadurch die Er- und die Du-Hymne zu Fremdkörpern würden. Im Gegenteil: Als Erstes beschreibt der Prophet, der angesichts des angegriffenen Volkes auf das Kommen JHWHs wartet, seine physische Erschütterung durch das

Abb. 28: Auf einem emaillierten Ziegel aus Assur (888–884 v. Chr.) neigt sich der gefiederte Wettergott bogenschiessend aus einem Strahlenkranz, umgeben von herabhängenden Wolken (mit Hagelkörnern?; vgl. Ps 18,10–15). Der Ziegel war Teil einer Palasttoranlage Tukulti-Ninurtas. Die Art des Dekors zeigt, wie wichtig es den Menschen war, dass die von Alters her effiziente Wettergottheit auf ihrer Seite kämpfte.

in den alten Gotteshymnen Gehörte: Zitternde (erregte) Lippen, faulende Knochen, schwankende (erregte) Schritte. Die poetischen Adjektive, die die Zürcher Bibel verwendet, vergegenwärtigen zwar bestens das körperliche Mitgenommensein, lassen aber nicht mehr erkennen, dass es sprachlich ein Echo auf die in Habakuk 3,2 angesprochene «Erregung» (Zürcher Bibel: «Zorn») Gottes ist. Analog zum Körper des Propheten ist auch das ganze Land aus dem Takt. Die sechs Elemente von Vers 17 charakterisieren in einzigartiger Verdichtung das Land Juda mit seiner zweibeinigen Landwirtschaft, basierend auf Ackerbau und Viehzucht. Feigenbaum, Weinstock und Ölbaum sind die

Abb. 29: Auf der Darstellung der Eroberung Lachischs und der Deportation seiner Bevölkerung in Sanheribs Palast zu Ninive (um 700 v. Chr.) wird das Hügelland Judas durch Feigenbaum, Weinstock und Ölbaum typisiert. Schon in der um 1900 v. Chr. entstandenen, ägyptischen Sinuhe-Erzählung heisst es über das Land Kanaan: «Es gab dort Feigen und Weintrauben; es hatte mehr Wein als Wasser …»

Kulturpflanzen, die hier bestens gedeihen, deren Erträge exportiert werden und auf denen der Wohlstand des Landes ruht (vgl. Ri 9,8–15; Dtn 8,8; → Abb. 29). Mit der Nahrung der Felder ist die tägliche Grundnahrung gemeint: Getreide und Hülsenfrüchte. Die Schafe, die abends in ummauerten Pferchen (Hürden) zusammengetrieben wurden, repräsentieren das Kleinvieh, die Rinder im Stall das Grossvieh.

Doch weder sein Körper noch der desolate Zustand des Landes kann den Propheten aus der Ruhe bringen, seit ihn das Orakel beruhigt hat, das ihm verheisst, dass der auf Gott vertrauende Gerechte leben wird. Beschützt von seinem starken Wohltäter

Abb. 30: Ein Herr der Tiere, unbeeindruckt von einem ihn anfallenden Junglöwen, bändigt einen Wildstier mit seiner Linken und einen Löwen mit seiner Rechten zugunsten des ausschreitenden Hirschs. Orthostat aus Karkemisch (10. Jh. v. Chr.).

kann er – zumindest innerlich – schon jetzt seines Wegs über die Höhen ziehen wie eine Hirschkuh. Der Vergleich erhält seine theologische Resonanz auf dem Hintergrund der Bildkunst, die den Herrn der Tiere kennt, der die grasfressenden Herdentiere vor den Raubtieren schützt (→ Abb. 30). So erscheint hier, unausgesprochen, aber durch den Schlussvers mitgedacht, der kasdäische Aggressor, der die von ihm unterworfenen Völker als Löwen darstellen liess (→ Abb. 1a), nun selber als Löwe, dominiert vom starken Gott der Rettung.

Subskript (Hab 3,19b)

So wie das Gebet aufgeteilt wurde in zwei den Hymnus umrahmende Teile, wurde auch die Gebetsüberschrift aufgeteilt, um so erstens die Zugehörigkeit zum (aufgeteilten) Gebet Habakuks zu sichern und zweitens durch eine weitere, äusserste Rahmung die Zusammengehörigkeit von Gebet und Hymnus zu unterstreichen. Nach allen Regeln der Kunst wird damit das Textgefüge abgerundet, die Zusammengehörigkeit betonend, Brüche kittend. Zugleich gibt sich Habakuk als Musiker zu erkennen: «Zu meinem Saitenspiel» – so jedenfalls die Zürcher Bibel im Gegensatz zu anderen Übersetzungen, die das Personalpronomen weglassen. Damit liefert er uns in der letzten Zeile einen wichtigen Verständnisschlüssel für seine Prophetie, die ihren Sitz im Leben nicht auf öffentlichen Plätzen hatte wie jene Jeremias' mit seinen Zeichenhandlungen oder jene Ezechiels mit seinen Strassentheatern. Gebete zum Saitenspiel waren in Tempelvorhöfen zu hören, an Orten gemeinschaftlicher Feier und Reflexion. In der apokryphen Literatur wurde Habakuk wohl nicht zuletzt aufgrund dieses Schlusses mit einer levitischen Genealogie versehen. Diese weisheitlich-meditative Seite von Habakuks kleinem, aber sehr feinem Werk sollte uns freilich dessen Überlieferung im Korpus der Prophetenliteratur nicht vergessen lassen.

Fenster in die Rezeptionsgeschichte

Die Rezeption der Gestalt oder der Themen Habakuks reicht von der volkstümlichen Legende bis hin zur theologischen Doktrin.

1 Die Entraffung Habakuks

Im Anhang zur griechischen Version des Danielbuchs wird eine Variante der Geschichte von «Daniel in der Löwengrube» (Dan 6,2–29) erzählt, bekannt als «Bel und der Drache» (Dan 14,23–42). Eingebaut in diese findet sich in den Versen 33–39 die Legende, wonach Habakuk, der für seine Erntearbeiter eine Mahlzeit zubereitet hat, vom Engel JHWHs beim Schopf gepackt und am Rand der Löwengrube bei Babylon abgesetzt wird, damit er das Essen seinem Amtskollegen in der Löwengrube bringe. «Habakuk rief: Daniel, Daniel, nimm das Essen, das Gott dir geschickt hat! Da sagte Daniel: Gott, du hast also an mich gedacht; du lässt die nicht im Stich, die dich lieben.» Während Daniel isst, wird Habakuk vom Engel zurückgebracht. Die Geschichte ist eine handfest-wundergläubige Bekräftigung der Verheissung von Habakuk 2,4: Gott sorgt dafür, dass die Gerechten am Leben bleiben. Vielleicht ist sie auch eine Kritik an den Propheten, die – bitteschön – nicht nur grossartige Verheissungen verkünden, sondern bei deren Erfüllung auch tatkräftig mithelfen sollen, wozu sie offenbar vom Engel beim Schopf gepackt werden müssen. Die Geschichte war beliebt. Sie taucht wieder im «Leben der Propheten» auf, einem apokryphen Werk, das noch vor 70 n. Chr. in Palästina verfasst wurde. Darin wird Habakuk nicht in Judäa verortet, wie im Anhang zum Danielbuch, sondern in Bet-Zouchar bei Bet Guvrin in der Schefela.

Das Ergreifen Habakuks beim Schopf erinnert an das Packen der günstigen Gelegenheit in der klassischen Ikonografie (⟶ Abb. im hinteren Innenumschlag), wo Kairos einen Schopf an der Stirn hat und eine Glatze am Hinterkopf, da man ihn nur packen kann, wenn er auf einen zukommt, jedoch das Nachsehen hat, wenn er vorbeigegangen ist. Ist es denkbar, dass die Kairos-Ikonografie die Verfasser dieser Danielgeschichte inspiriert hat? Für die Übersetzer Habakuks war Kairos jedenfalls ein wichtiges Motiv (⟶ Habakuk in der griechischen Bibel).

Die Legende hat wiederum ihre eigene Rezeptionsgeschichte, besonders in der Kunst, wo die slapstickartige Szene der Versetzung Habakuks durch den Engel viele Künstler zu Darstellungen inspiriert hat. In der Kunstgeschichte ist sie unter dem Titel «Entraffung Habakuks» bekannt. Einen besonderen Sitz im Leben dafür hat sich ein merowingischer Künstler einfallen lassen, der Daniel zwischen ihm zu Füssen fallenden Löwen und Habakuk zwischen zwei Jausekörben, je in Orantenhaltung, auf einer Gürtelschnalle realisierte (⟶ Umschlagbild). Die Schnalle wurde damit nicht nur zur Vergewisserung, dass die Tunika sitzt, sondern auch, dass die Verheissung stimmt, dass Gott den Gerechten in Bedrängnis beisteht (Hab 2,4) und darüber hinaus zum bildhaften Gebet mit zwei betenden Männern.

Die monumentalste und künstlerisch wertvollste Inszenierung der Szene findet sich in der Chigi-Kapelle in der Kirche Santa Maria del Popolo in Rom, der Grabstätte Papst Alexanders VII.,

Abb. 31a-b: Skulpturen von Gianlorenzo Bernini in der Chigi-Kapelle: a Habakuk und der Engel (1656–61) und b Daniel (1655–57).

erschaffen von Gianlorenzo Bernini (⟶ Abb. 31a-b). Habakuk und Daniel stehen sich diagonal gegenüber. Der Engel zeigt Habakuk, der nicht weiss, wie ihm geschieht und ihn verwirrt anschaut, wo sich Daniel befindet. Daniel wird im Moment dargestellt, wo er sich dankend für die Rettung an Gott wendet. Der Löwe leckt ihm bereits die Füsse. Dadurch finden sich die betrachtenden Gläubigen in der runden Kapelle mitten in der Löwengrube und hoffen wie Daniel auf die stärkende Gabe Habakuks, die von den Theologen jener Zeit auf die Eucharistie ausgelegt worden ist (Strunck).

2 Pescher Habakuk (pHab) in Qumran

In und bei Qumran am Toten Meer wurden 1946/47 Fragmente von mehr als tausend Schriftrollen gefunden, darunter eine Regel, die das Leben einer Gemeinschaft beschreibt, die sich selbst Jachad («Einung») nannte. Möglicherweise waren es Essener oder eine ihnen nahestehende Gruppe. Sie formierten sich zu Beginn des 2. Jh. v. Chr. mit dem Bewusstsein, das «umkehrende Israel», beziehungsweise «eine Pflanzung», zu sein. Nur fünfzehn der Schriftrollen sind noch als solche erkennbar und mehr oder weniger vollständig erhalten. Dazu gehört pHab. Das Wort Pescher bedeutet «Deutung». Für den Deuter war der Bibeltext ein göttlicher, esoterischer Geheimcode, den er Wort für Wort auf Personen und Ereignisse seiner Zeit ausdeutete. Vor jeder einzelnen Erklärung wurde das aramäische Wort *pescher* geschrieben. Nebst dem fast vollständig erhaltenen pHab gibt es mehr oder weniger fragmentarische Deutungen von Jesaja, Nahum, Hosea, Zefanja und Psalm 37, ferner Deutungen zu den Themen Jubeljahr, Endzeit und Trost. pHab folgt an manchen Stellen der Septuaginta und damit sozusagen der damals jüngsten Stufe des Redaktionsprozesses des Buchs, wenn man davon ausgeht, dass der Septuagintatext von Habakuk damals noch ganz frisch war. An manchen Stellen liest der Verfasser seine Interpretation Habakuks im Hinblick auf die von ihm erwartete Endzeit schon in die Zitate hinein (Kim). Mit dem Pescher stehen wir damit an der Grenze von Habakuk-Redaktion und Habakuk-Rezeption (Ede).

In pHab werden die Kasdäer auf die Römer gedeutet, die im Text *kittim* heissen. Dieses Wort hat der Ausleger der Jachad aus der Bibel übernommen, wo damit «Westler» gemeint sind. Es bezog sich ursprünglich auf die Zyprer von Kition (heute Larnaka). So heisst es zu Habakuk 1,11, sie würden kommen, um das Land zu verheeren. Seine Auslegung des Verses zum Räuchern vor dem Fischernetz (Hab 1,16) lautet: «Seine Deutung ist, dass sie ihren Feldzeichen Opfer schlachten, und ihre Kriegsgeräte sind Gegenstand ihrer Ehrfurcht.» Die Schreine (*sacella*) mit den Standarten (*signa*) im Lagerheiligtum (*aedes*) waren in der Tat die heiligsten Orte des römischen Legionärslagers. Zur Zeitverzögerung in Habakuk 2,3 notiert pHab: «Seine Deutung ist, dass die letzte Zeit sich in die Länge zieht, und zwar mehr als alles, was die Propheten gesagt haben, weil die Mysterien Gottes wundersam sind.» Jene, die ausharren, werden gedeutet auf «die Männer der Wahrheit, die Täter der Tora, deren Hände nicht abgelassen haben vom Dienst der Wahrheit, als sich über ihnen die letzte Zeit hinzog, denn alle Zeiten Gottes treffen ein nach ihrer Ordnung, wie Er es eingezeichnet hat.» Zum folgenden Schlüsselvers in Habakuk 2,4 heisst es dann sinngemäss: «Seine Deutung geht auf alle die Täter der Tora im Haus Judah, welche Gott erretten wird aus dem Haus des Gerichts wegen ihres Bemühens und wegen ihrer Treue zum Anweiser der Gerechtigkeit.» Die geretteten Gerechten sind damit nicht mehr alle Gottesfürchtigen, sondern nur noch jene, die den Lehren des Lehrers der Gerechtigkeit, dem Gründervater der Jachad-Sekte, folgen.

3 Die ganze Tora in einem Satz

In scharfem Kontrast zu diesem esoterischen (andere ausschliessenden, auf Geheimwissen beruhenden) Judentum, pflegte das rabbinische Judentum eine exoterische, offene Exegese, wo jede Meinung willkommen, aber auch kritisierbar war. Die Vielfalt, ja Widersprüchlichkeit der Ansichten wurde geradezu zum erkenntnisleitenden Prinzip. Aus eben dieser Meinungsvielfalt heraus kristallisierte sich Habakuk 2,4 zum Spitzensatz, und zwar im Traktat «Geisselungen» des Babylonischen Talmuds (bMakkot 23b/24a). Wie es der Traktattitel anzeigt, geht es ums Büssen von Vergehen. Im Verlauf der Diskussion wird gefragt, welcher Mensch denn überhaupt das Recht habe, vor Gottes Angesicht zu treten angesichts der schier unlösbaren Aufgabe, alle 613 Gebote des Mose einzuhalten. Wie kann ein Sünder vor Gott gerechtfertigt, d. h. gerettet werden? Die Lösung wird von einem Rabbi Schimlaj vorgetragen. Sie liegt in der Reduktion der Gebote auf eine praktikable Menge. David habe sie (in Ps 15) auf elf heruntergebracht: « (1) Der in Vollkommenheit seinen Weg geht und (2) Gerechtigkeit übt, (3) der von Herzen die Wahrheit sagt, (4) nicht verleumdet mit seiner Zunge, (5) der nicht Böses tut seinem Nächsten und (6) nicht Schmach lädt auf seinen Nachbarn, (7) der den Verworfenen verachtet und (8) ehrt, die JHWH fürchten, (9) der Wort hält, auch wenn er zum eigenen Schaden geschworen hat, (10) der sein Geld nicht um Zins gibt (11) und nicht Bestechung annimmt gegen den Unschuldigen.» Jesaja (33,15) reduzierte sie auf sechs: «(1) Wer gerecht lebt und (2) aufrichtig redet, (3) wer erpressten Gewinn verwirft, (4) wer mit seinen Händen abwehrt und keine Bestechung annimmt, (5) wer sein Ohr verstopft, damit er nichts hört von Blutschuld, und (6) wer seine Augen verschliesst, damit er nichts Böses sieht.» Micha (6,8) brachte sie auf drei: «Er hat dir kundgetan, Mensch, was gut ist, und was JHWH von dir fordert: Nichts anderes, als (1) Recht zu üben und (2) Güte zu lieben und (3) in Einsicht mit deinem Gott zu gehen.» Amos (5,4) auf zwei: «(1) Sucht mich und bleibt am Leben! (2) Und sucht nicht Bet-El auf!» Habakuk

(2,4) gar auf einen einzigen Satz: «Der Gerechte wird durch seine Treue am Leben bleiben.»

4 Anknüpfungspunkt für Paulus

Die Ansicht, dass in der Haltung der *æmunah* (⟶ S. 58–59) gleichsam alle Gebote eingeschlossen sind, hat weder Rabbi Schimlaj erfunden, noch war es ein Zufall, dass Paulus denselben Satz zum Ausgangspunkt seiner Darlegung an die Römer machte. Der Satz hatte im Milieu beider Ausleger den Status einer theologischen Spitzenaussage. Das Evangelium, so schreibt Paulus an die Römer, sei eine Kraft zur Rettung für alle Glaubenden, da es die Gerechtigkeit Gottes offenbare, gewachsen aus dem Glauben und verkündet zum Glauben, wodurch sich erfülle, was Habakuk sagte: Der aus Glauben Gerechte werde leben (Röm 1,17). Das Originelle bei Paulus ist, dass er diese Überzeugung in seiner weiteren Argumentation mit Genesis 15,6 verbindet, wo von der *æmunah* Abrahams die Rede ist, die JHWH ihm als Gerechtigkeit anrechnete, und zwar noch *vor* seiner Beschneidung. Das liefert ihm die Basis, um die Nichtjuden auf den messianischen Heilsweg einzuladen: Wie Abraham, der noch vor seiner Beschneidung Gott vertraute und dafür für gerecht befunden (gerechtfertigt) wurde, könnt ihr Heiden (Nichtjuden) durch den Glauben gerettet werden. Wie wichtig Paulus diese Argumentationsfigur war, zeigt sich daran, dass er sie schon im älteren Brief an die Galater verwendete (Gal 3,11–18), dort allerdings mit einer sehr gesetzeskritischen Note.

5 Anknüpfungspunkt für Luther

Habakuk war für Luther nach seiner Bibel von 1545 ein «Trostprophet, der das Volck soll stercken vnd auffhalten, das sie nicht verzweiueln an Christus zukunfft, es stelle sich wie seltzam es wolle. Darumb braucht er alle kunst vnd stücke die da zu dienen, das der Glaube fest bleibe in jrem hertzen, von dem verheissen Christo, vnd predigt also.» Das göttliche Orakel (Hab 2,4) übersetzt er mit den Worten: «Wer halsstarrig ist, der wird keine Ruge in seinem Hertzen haben, denn der Gerechte lebet seines Glaubens.» Damit passte er die Übersetzung der Septuaginta an im Hinblick auf deren Verwendung im Brief an die Galater 3,11, im Brief an die Römer 1,17, und im Brief an die Hebräer 10,37–38, denn *æmunah* wurde damals gemeinhin mit «Wahrheit» übersetzt. In seiner Habakukvorlesung verteidigte Luther seine Übersetzung des Begriffs *æmunah* mit «Glaube», da es ihm um die Sache und nicht um den Begriff ging, unter anderem mit einem Verweis auf Psalm 31,24, wo von den *æmunim* die Rede ist, den Getreuen JHWHs, «das ist, die yhm trawen und gleuben». Man möge den «synn im hertzen» solcher Menschen «warheit» nennen, doch «Paulus und wir wissen solchen mut nicht anders zu nennen denn glauben. Und die solchen mut haben, sind gleubige. Denn da durch werden sie auch warhafftig, das ist rechtschaffene, trew, frume leute.» Glaube ist demnach für Luther die durch das Wort Gottes vermittelte Wahrheit des Herzens (Felber). Gegenüber der Begriffsgenauigkeit insistierte Luther auf dem Sinn und schnürte ein ganzes Sinnbündel, von dem kreative Geister zehren konnten, so dass zum Beispiel Paul Gerhardt in seinem berühmten Choralgedicht «Befiehl du deine Wege» dichten konnte: «Wohl dir, du Kind der Treue, du hast und trägst davon mit Ruhm und Dankgeschreie den Sieg und Ehrenkron.»

Die Gedanken, die Paulus ausgehend von Habakuks «Meisterspruch» im Brief an die Römer entfaltet, werden für Luther zum «Heubtstück» und «Mittelplatz» der ganzen Schrift. Er übersetzt: «So halten wir es nu, Das der Mensch gerecht werde, on des Gesetzes werck, *alleine* durch den Glauben» (Röm 3,28). Das «alleine» stammt von Luther und steht bis heute in der Lutherbibel. Es begründet den *sola fide*-Grundsatz der reformatorischen Kirchen, der heute von Katholiken nicht bestritten wird, sofern der Glaube nicht einem Leben in der Liebe Gottes entgegengestellt wird (Benedikt XVI.).

6 Verortungen Habakuks

Im Vorderen Orient und ganz besonders in der Levante gibt es eine bis heute lebendige – allerdings von islamistischen Strömungen bekämpfte – Verehrung von Heiligen an lokalen, teilweise auch regionalen oder sogar überregionalen Pilgerorten. Die Orte befinden sich oft bei einer Quelle oder einer grossen Zisterne. Es gibt einen oder mehrere grosse, sehr alte Bäume und ein (meist leeres) Grab, das an die verehrte Person erinnert. Diese heiligen Orte haben sehr oft vorjüdische, vorchristliche und vorislamische Wurzeln und werden auch oft von allen abrahamitischen Religionen gemeinsam verehrt. Mindestens einmal pro Jahr pilgert die Bevölkerung, die den Heiligen oder die Heilige ehrt zu diesem Ort und feiert ein Fest. Von Habakuk sind drei solche Heiligtümer bekannt, von denen zwei noch existieren. Sie bekunden eine gewisse Popularität des Propheten.

Seit dem frühen 13. Jh. ist in jüdischen Pilgerführern ein Habakuk-Grab beim Dorf Yaquq bezeugt. Es wurde bis 1948 von Juden und Muslimen besucht, von Letzteren allerdings unter dem Namen Scheich Hasan. Der Hügel über dem Heiligtum wird Habakukberg genannt. Seit 1948 sind es Juden und Drusen die zum Ort pilgern. Er wird unter dem Namen Hukkok schon im Buch Josua erwähnt (Jos 19,34; 1Chr 6,60). Aus der Zeit der Bar Kochba Revolte (135–36 n. Chr.) hat man hier ein ausgedehntes unterirdisches Verteidigungssystem entdeckt. Ausserdem wurde eine Synagoge mit einem aussergewöhnlich erzählfreudigen Bildprogramm des 5. Jh. n. Chr. ausgegraben. Anlass für die Habakuk-Grabstätte gab wohl der vorarabische Name des Dorfes. Die Grabtradition dürfte somit lange vor das 13. Jh. zurückreichen. Durch den Bau der Wasserleitung vom See Gennesaret nach Westen und einer Strasse hat das neben der Quelle von Yaquq befindliche Heiligtum leider stark gelitten. Religiöse Juden benutzen die Quelle heute als Ritualbad (Lissovsky).

Von 1153 bis 1187 gab es bei Kafr Dschinnis (östlich vom Ben Gurion Flughafen) ein prämonstratensisches Habakuk-Kloster, das angeblich an seinem Heimatort stand, den die Kreuzfahrer Cancie oder Cantie nannten (Pringle).

Im 13. Jh. wurde bei Tuyserkan (Westiran) ein Mausoleum für Habakuk errichtet (⟶ Abb. 32). Lokalen Legenden zufolge soll es sich über einem vorislamischen Grab erheben und der Leichnam Habakuks soll noch gut erhalten sein. Im Innern befinden sich hebräische und persische Inschriften. Beide zitieren aus dem Buch Habakuk (Soroudi).

Abb. 32: Das oktogonale Habakukheiligtum von Tuyserkan (Westiran). Es enthält hebräische und persische Inschriften und wird von Juden und Schiiten der Region bis heute verehrt.

Habakuk im Fluss der Imperialismuskritik

Habakuk heute lesen bedeutet, seine Worte in Beziehung zu setzen zu unserem Leben, unserer Zeit und unserem Raum. Da die biblischen Texte seit ihrer Entstehung ununterbrochen in den Überlieferungsgemeinschaften von Synagoge und Kirche gelesen und ausgelegt werden, geht es in der folgenden essayistischen Skizze um Orientierungshilfen in einem geistesgeschichtlichen Kontinuum.

1 Von Jesaja bis Jesus: Habakuk unter den Pionieren des Antiimperialismus

Die von Habakuk überlieferten Worte sind Teil und Schlüsselmoment einer grossen geistesgeschichtlichen Bewegung. Die hebräischen Prophetinnen und Propheten waren die Ersten, die aus der Perspektive der Opfer eine antiimperialistische Theologie entwickelten (Weinstein). Fassbar wird sie erstmals bei Jesaja, der seinen Protest gegen die assyrischen Verbrechen formuliert (Jes 10,5–15), die Zerstörung Assurs (Jes 10,16–34) und das Kommen eines göttlichen Herrschers, der die gesamte Welt erlöst (Jes 11,1–9) ankündigt. Es ist eine Theologie, die bewegt wird vom Tun-Ergehen-Zusammenhang oder anders gesagt, von unserem tiefen Bedürfnis nach ausgleichender Gerechtigkeit: Die Plünderer sollen dereinst selbst geplündert werden. Vor allem aber entwickeln sie eine Kritik des Imperialismus, die dessen fetischistischen Kern entlarvt (Hab 2,18–20): Die Imperialisten sind fasziniert von sich selbst; sie beten sich selbst an. Das offenbart ihre Lächerlichkeit, ihre Schwäche und ist – so gesehen – ein Fenster der Hoffnung für die Unterdrückten. Die prophetische Theologie bleibt aber nicht bei der Kritik stehen, sondern entwickelt die Vision des Gerechten, der, fest stehend auf seinem Gottvertrauen, überdauert bis der Zeitpunkt (*kairós*) eintritt, wo sich diese Gerechtigkeit verwirklicht (Hab 2,4–8). Daniel entwickelt daraus später eine Art theologischen Weltfahrplan mit vorbestimmten Zeiten für die Macht der sich ablösenden Imperien. Kritik und Plan werden begleitet von der Vision eines universellen Königreiches, vom Ort, wo alle Völker gemeinsam Regeln des Respekts lernen und statt des Kriegs den Frieden üben (Jes 2,1–4; Mi 4,1–4), vom messianischen Friedensreich (Jes 11,1–9), vom himmlischen Königtum (Dan 2,44). In diesen aus unsäglich viel Leid erstandenen Sehnsuchtschor nach universeller, gottesfürchtiger und gottgefälliger Harmonie, nach einer nicht-imperialen Kultur, in der wir einander die Füsse waschen, stimmen wir ein, wenn wir mit Jesus im römisch besetzten Galiläa beten: «Dein Reich komme!»

2 Von Jesus bis Bartholomé de las Casas: Habakuk als Statist im christlichen Imperium

Mit der Etablierung des Christentums als Reichsreligion verschwindet die herrschaftskritische Botschaft Habakuks grösstenteils aus der Rezeption. Habakuk wird, wie alle anderen Propheten auch, in den Dienst der Voraussage Christi gestellt. Die christologische Einverleibung gelang meist dank der typologischen Deutemethode. Mit ihr konnte ein Ereignis, eine Person oder ein Gegenstand im Ersten Testament auf Christus bezogen werden. Da kein historischer, ja nicht einmal ein thematischer Zusammenhang gegeben sein musste, waren der Willkür und Phantasie der Auslegerinnen und Ausleger Tür und Tor geöffnet. Auf bildlichen Darstellungen, die diesem Prinzip folgten, wurden die Prophetinnen und Propheten buchstäblich zu Statistinnen und Statisten im Symbolsystem der christlichen Königreiche (⟶ Abb. 33a-b).

Nach dem Ende der Kreuzzüge (1291) begann der Aufstieg der italienischen Handelsstädte Venedig, Pisa und Genua. Als besonders rührig zeigte sich Genua, wovon die grösste Altstadt Europas heute noch zeugt. Investoren und Kaufleute schlossen sich hier zu lukrativen Gesellschaften zusammen, suchten immer wieder nach neuen Handelswegen, zum Beispiel über die Pforten des Herakles hinaus hinauf nach Brügge. Der Goldgenueser gehörte zur Leitwährung des internationalen Handels, die pisanische Konkurrenz wurde durch Eroberung ausgeschaltet – und die Bettelorden bemühten sich, den bis anhin von der Kirche als Geschäftemacher geächteten Kaufleuten einen Platz in der Gesellschaft zu verschaffen, dann nämlich, wie Thomas von Aquin lehrte, wenn der Handel nicht Selbstzweck ist, sondern im Hinblick auf Gemeinnützigkeit betrieben wird. In diesem Genua wuchs Christoph Kolumbus auf, der auf der Suche nach einem neuen Handelsweg nach Indien Amerika entdeckte (1492). Bei der zweiten Überfahrt war auch ein Kaufmann aus Sevilla namens Pedro de las Casas dabei. Er brachte seinem vierzehnjährigen Sohn Bartholomé einen versklavten Indio mit. Die intensive Zeit, die die beiden Jugendlichen miteinander

Abb. 33a-b: In den hochgotischen Kirchenfenstern von Königsfelden bei Windisch (Kanton Aargau, Schweiz) taucht Habakuk gleich zwei Mal in dieser Statistenrolle auf. a Im nördlichen Apostelfenster erscheint er neben Sacharja und Jesaja mit dem Schriftband ABAUNVK INMEDIO DUO, «Habakuk (:) Inmitten von zwei (Lebewesen)». Es nimmt Bezug auf Habakuks Bekenntnis in seinem Gebet (Hab 3,2) in der Version der Septuaginta, dass der HERR *inmitten von zwei Lebewesen erkannt werden wird. Das konnte typologisch auf die zwei Kerubim auf der Bundeslade, auf den Gekreuzigten zwischen den beiden mit ihm hingerichteten Kriminellen, auf die Verklärung auf dem Tabor oder auf Ochs und Esel, ihrerseits*

typologische Repräsentanten von Juden- und Heidenkirche, an der Krippe Jesu bezogen werden. b Die letzte Deutung dürfte den Theologen der Fenster von Königsfelden vorgeschwebt haben, denn in einem zweiten Fenster werden die Propheten Habakuk und Sacharja über der Geburtsszene, oberhalb von Ochs und Esel dargestellt (Fabry).

verbrachten, dürfte mit dafür verantwortlich sein, dass Bartholomé später zum Geschichtsschreiber des Genozids an den Indios wurde und zu deren Anwalt vor der spanischen Krone. In diesem Zusammenhang hat er den Begriff «Menschenrechte» geprägt und eingeklagt (Becker). Seinem Einfluss ist es zu verdanken, dass Papst Paul III. 1537 unmissverständlich festhielt, dass Indios «wahre Menschen» seien. Die Bibelverse, die Bartholomé auf dem Weg vom Eroberer zum Anwalt für die Opfer die Augen geöffnet haben, kamen zwar nicht aus dem Buch Habakuk, sondern von Jesus Sirach, doch sein Engagement hat einen neuen kritischen Blick auf den Imperialismus im Christentum ermöglicht, auch wenn er sich gegen den Furor der kolonialen Gier letztlich nicht durchsetzen konnte.

3 Von Bartholomé de las Casas bis Franz Fanon: Habakuk als Flugzeugträger

Mit der Entdeckung der sogenannten «Neuen Welt» explodierte das imperiale Denken in bis dahin unvorstellbare, globale Dimensionen. Schon 1493, im Jahr nach der Entdeckung Amerikas durch Kolumbus, wurde zwischen Portugal und Spanien der Vertrag von Tordesillas unterzeichnet, in dem der Atlantik zwischen den beiden Königreichen mit einem Strich entlang der Längengrade aufgeteilt wurde. Der «Dreieckshandel» zwischen Afrika, Amerika und Europa etablierte sich kurz danach zum vielleicht lukrativsten Businessmodell aller Zeiten. Dabei wurden schätzungsweise 9 Millionen Afrikanerinnen und Afrikaner aus ihren Heimatdörfern entwurzelt, versklavt und deportiert. Nach und nach entstand ein Wettlauf um die sogenannten

Kolonien, besonders in Afrika. Aus Handelsstützpunkten wurden ganze Herrschaftsgebiete wie in Indien, das Kaiserreich China wurde zu einem Marionettenstaat der Europäer, die Gebiete des osmanischen Reiches zu einem Hinterhof Europas ohne namhafte Industrie. Russland machte sich riesige Territorien untertan von Finnland im Westen bis Alaska im Osten und Georgien im Süden.

Christen (und nach ihrer Emanzipation in Westeuropa auch Juden) sassen im Boot der Imperialisten. Die Propheten waren noch immer Steigbügelhalter einer triumphalen Christologie. Ihre Kritik am Imperium war kein Thema. Ihre messianische Hoffnung wurde im 19. Jh. in säkulare Bewegungen transformiert. Man wollte nicht mehr gottesfürchtig auf den rechten Zeitpunkt des göttlichen Eintretens an der Seite der Unterdrückten warten, während die Kapitalisten für ihre riesigen Vermögen weltweit Anlagemöglichkeiten suchten, mit allen Mitteln der Gewalt expandierten und die eigenen Arbeiterheere gnadenlos ausbeuteten, sondern forderte und organisierte die Expropriation der Expropriateure.

Die ungeheuren ökonomischen und politischen Kräfte, die der Imperialismus am Ende des 19. Jh. entfaltete, zusammen mit den ihm innewohnenden rassistischen, patriarchalen und antisemitischen Ideologien, seinem Militarismus und seiner kaltblütigen Administration entlud sich in zwei Weltkriegen mit Millionen von Opfern. Der militaristische Geist widerspiegelt sich beispielhaft in einem geheimen, megalomanen Bauprojekt der Briten, das unter dem Code-Namen «Habakkuk» (englische Schreibweise) lief, unter Anspielung auf Habakuk 1,5. Man wollte einen 1200 m langen und 180 m breiten Flugzeugträger aus Pykrete, einer Mischung aus Eis und Holzhäcksel, bauen, der

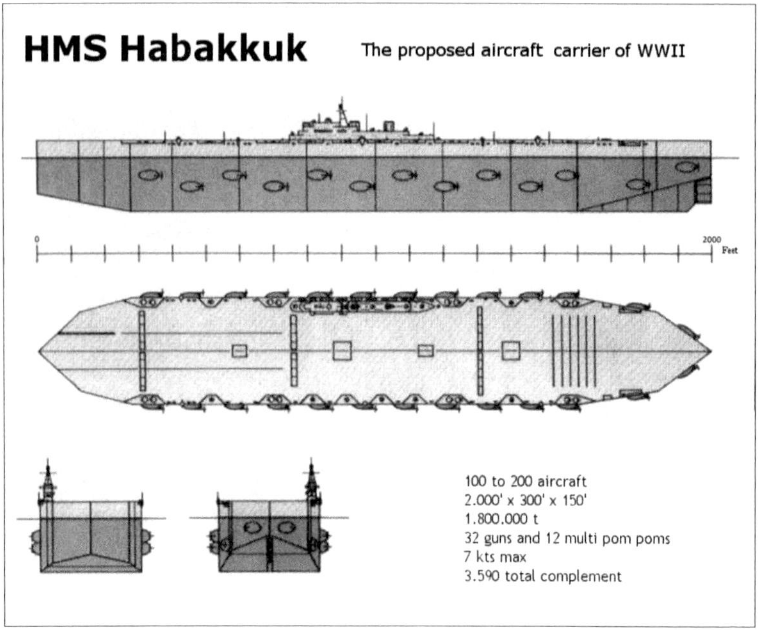

Abb. 34: «Seht euch um unter den Nationen und schaut hin, und entsetzt euch, erstarrt! Denn in euren Tagen tut einer ein Werk, ihr werdet es nicht glauben, wenn es euch erzählt wird.» Inspiriert von diesem Satz erhielt ein futuristisches, britisches Flugzeugträgerprojekt aus dem Zweiten Weltkrieg den Namen «Habakkuk».

aus Kostengründen aber nie realisiert wurde. Ein kleiner Prototyp (→ Abb. 34) wurde im abgelegenen Patricia Lake, heute Teil des Jasper Naturschutzparks im kanadischen Bundesstaat Alberta, gebaut – ironischerweise von pazifistischen Mennoniten, die nicht wussten, wofür das Projekt geplant war (Giesbrecht).

Die Stimme, die sich über den Trümmern des Krieges am deutlichsten in der Art der Prophetinnen und Propheten Judas erhebt – von ihrer Denkweise her allerdings viel stärker Griechenland verpflichtet – ist die von Hannah Arendt (1906–75). Die in Hannover geborene und in New York verstorbene jüdische politische Theoretikerin untersuchte unmittelbar nach dem Krieg das Phänomen des Imperialismus und der totalen Herrschaft, die sich im Nationalsozialismus und im Stalinismus manifestiert hatte. Sie zeigte die Bedeutung der von marxistischen und rassistischen Ideologien bewegten Massen auf, deren Bündelei mit der Elite, fasziniert von der propagierten Gewalt, sowie die Gleichschaltung der spiessigen Bourgeoisie, die um ihren Besitz fürchtete und die in banaler Bosheit zu willigen Vollstreckern der Ziele der Elite wurde, wie der von Arendt analysierte Eichmann-Prozess exemplarisch dokumentiert. Das Thema von Macht und Gewalt – Leitthema Habakuks – liess sie bis zuletzt nicht los. In ihren Analysen sagte sie voraus, was wir heute als Zeitzeugen erleben: Die Gefahr in den USA, dass Senat und Repräsentantenhaus vom Präsidenten mehr und mehr entmachtet werden – ein Machtverlust, der der Gewalt Tür und Tor öffnet.

Eine andere prophetische Stimme ist die des auf Martinique geborenen Frantz Fanon (1925–61). Sein Hauptwerk, «Die Verdammten dieser Erde», eine Art Vermächtnis, entstand in kurzer Zeit in den letzten Wochen seines Lebens. Fanon, bereits schwer gezeichnet von seiner Leukämie, richtet sich – wie die hebräischen Propheten – an die zum Unterdrücktsein Verdammten. Als Arzt analysierte und therapierte er die physischen und psychischen Zerrüttungen und Zerstörungen der Kolonisierten in Algerien. Während die damaligen Ärzte der Kolonialmacht und der Weltgesundheitsorganisation den Grund für die hohe Kriminalitätsrate unter Algeriern in der Trägheit des Stirnhirns von Afrikanerinnen und Afrikanern gefunden zu haben glaubten, stellte Fanon fest, dass sich die von Frustration im kolonialen Alltag genährte Aggressivität gegen Landsgenossen in Luft auflöste, wenn sie als Aggression gegen die Ursache der Misere, gegen den Kolonialisator, kanalisiert werden konnte. Anders als Arendt, die ihn dafür kritisierte, und zwar mit teils unlauteren Mitteln wegen seines grossen Einflusses auf die Befreiungsbewegungen der Schwarzen in den USA (Young), glaubt Fanon also, dass die Anwendung von Gewalt, nämlich im nationalen Befreiungskrieg, ein Teil der Lösung ist. Im Kern waren sich Arendt und Fanon wohl einig. Sie wollten eine offene Gesellschaft der angstfreien Begegnung. Fanon auf seiner letzten Seite: «… Wir wollen die ganze Zeit, Tag und Nacht, in Gesellschaft des Menschen marschieren, in Gesellschaft aller Menschen. Es kommt darauf an, den Zug nicht auseinanderzuziehen, weil sonst jede Reihe die vor ihr nicht mehr erkennen kann, und Menschen, die einander nicht mehr erkennen, begegnen einander immer weniger und sprechen immer weniger miteinander.»

4 Nach Frantz Fanon: Habakuk, die Nicht-Bewegungen und die Sehnsucht des Lebendigen nach Gerechtigkeit

Die Befreiung aus der imperialen Unterdrückung durch eine nationale Befreiungsbewegung war für Habakuk noch kein Thema. Diese Option trat erst über vierhundert Jahre später mit den Makkabäern in den Gesichtskreis des Möglichen – eine Möglichkeit, die heute in Israels tonangebendem Zionismus mit allen zur Verfügung stehenden Mitteln perfektioniert wird und auf den erbitterten Widerstand der palästinensischen Nationalbewegung stösst. Die daraus eskalierende Gewaltspirale wurde von Hannah Arendt ebenfalls vorausgesagt. Der eingeschlagene Weg bringt langfristig für beide Seiten keine Lösung.

Eine Episode aus den Habakuk-Stoffen kann uns aber vielleicht die Augen für eine Alternative in diesem und anderen Konflikten zwischen Imperien und Unterdrückten öffnen. Wie wir gesehen haben, wurde Habakuks Devise an die Gerechten, vertrauensvoll durchzuhalten, von den JHWH-Getreuen mit einer Geschichte verbunden, die Habakuk als Nährer Daniels in der Löwengrube zeichnet (⟶ Die Entraffung Habakuks). Habakuk wird dadurch zum Repräsentanten eines Netzwerks der Gerechten unter imperialer Herrschaft. Das ist nahe bei dem von Asef Bayat beschriebenen Phänomen der «Nicht-Bewegungen» (Bayat; Jurgen). Er versteht darunter die Handlungen von Einzelnen, die aufgrund ähnlicher Erfahrungen von Missständen unter einer autokratischen Regierung unorganisiert und ohne lauten Protest gegen die Regeln verstossen bzw. einen von der Herrschaft verbotenen Alltag leben und so die Lebensbedingungen langsam in einer Weise verändern, auf welche die autoritären staatlichen Kräfte zwar reagieren müssten, die sie jedoch nicht ohne Weiteres verhindern können. Als Beispiele nennt er den unentwegten, aber verbotenen Hausbau von Randständigen aus zusammengesammelten Materialien in Ägypten oder die Missachtung von Kleidervorschriften und anderen Einschränkungen von Frauen (wandern, joggen, Auto fahren, alleine oder mit einem Freund wohnen …) im Iran.

Die unorganisierte Subversivität im Imperium beschränkt sich nicht auf die autoritären Staaten im Nahen Osten. Ähnliches passiert etwa in der Festung Europa dort, wo sich Bürger'innen ohne viel Aufhebens – aber sich der Gefahr aussetzend, dafür kriminalisiert zu werden – für Menschen auf der Flucht einsetzen, bis aus Sans-Papiers doch noch Menschen werden. Die Art und Weise, wie engelhafte Entrückungen à la Habakuk im Alltag funktionieren, ist vielfältig. Sie ereignen sich überall dort, wo Menschen aus ihrem Alltagstrott ausbrechen und sich stillschweigend mit notleidenden Gerechten – selbst wenn sie weit entfernt leben – verbinden und sie unterstützen. Die Figur des Engels ist dabei bedeutungsvoll. Er verkörpert die sanfte, spirituelle Gewalt, die es braucht, um uns des bequemen, spiessigen Daseins zu entraffen und die Möglichkeiten, Distanzen im Nu zurückzulegen.

Doch Imperiales zeigt sich heute längst nicht mehr nur dort, wo autokratische Staaten Menschen drangsalieren. Auch der viel zu grosse ökologische Fussabdruck der Menschen in den hochentwickelten Nationen ist Teil von Herrschaft, und zwar über alles Lebendige. Anschliessend an Habakuks Empathie für die Folgen des babylonischen Raubbaus am Libanon und angesichts der dramatischen Folgen der menschenverursachten Klimaerwärmung kann uns die Habakuklektüre im Anthropozän animieren, eine anthropozentrische Bibellektüre zu überwinden. Es zeigt sich immer deutlicher: Die Zusage, dass die Gerechten aufgrund ihres Vertrauens leben werden, bleibt eine Worthülse, wenn nicht auch alles Lebendige auf die Gerechten vertrauen darf.

Glossar

Anat

Eine syro-kanaanäische Göttin. Sie verkörpert die aktiven weiblichen Rollen der Kriegerin, Priesterin, Amme, Jungfrau, Schwester oder Witwe. Nebst anderen kanaanäischen Gottheiten wurde sie in der Ramessidenzeit auch in Ägypten verehrt. Die Judäerinnen und Judäer auf der Nilinsel Elephantine verehrten sie in ihrem dortigen Tempel im 6./5. Jh. zusammen mit Jahu (JHWH).

Chaldäer

Siehe Kasdäer.

deus ex machina

«Gott aus der (Bühnen-)Maschine», verwendet im altgriechischen Theater.

Deuteronomium

Das im 5. Buch Mose überlieferte Gesetz aktualisiert das ältere Bundesbuch (Ex 20–22). Es ist inspiriert von neuassyrischen Gesetzen und Vertragsformeln, wurde aber bis in persische Zeit hinein redigiert. Inwieweit es in vorexilischer Zeit bereits Gültigkeit hatte und praktiziert wurde, ist in der Forschung umstritten.

Drusen

Eine arabischsprachige Religionsgemeinschaft in Syrien, Libanon und Israel, die sich aus dem Islam heraus entwickelte. Sie missioniert nicht und akzeptiert alle anderen Religionen.

Enuma Elisch

Nach seinen Anfangsworten, «Als droben», benannter babylonischer Schöpfungsmythos, der in der Gründung des Mardukheiligtums von Babylon gipfelt. Die ältesten Abschriften stammen aus dem 9. Jh. v. Chr.

Erstes Testament

Bezeichnung für den ersten Teil der christlichen Bibel als Alternative zu «Altes Testament». Die Unterscheidung zwischen Altem und Neuem Testament war und ist oft mit antijudaistischen Urteilen und Vorstellungen verbunden. Der Begriff wurde vom Münsteraner Exegeten Erich Zenger vorgeschlagen, der sich stark im jüdisch-christlichen Dialog engagierte.

Götze

Abwertender Begriff für ein dreidimensionales Gottesbild. Vgl. den Kommentar zu Habakuk 2,18–20.

homonym

gleichlautend, aber in der Bedeutung verschieden.

Kasdäer

Volk im Süden des Zweistromlandes, von den Assyrern im 8./7. Jh. v. Chr. «Chaldäer» genannt.

Kerubim

Geflügelte Mischwesen mit Menschenkopf und Löwenleib, die in mythologischen Texten oder im kultischen Dekor einen heiligen Ort anzeigen bzw. bewachen.

Kodex Hammurapi

Babylonische Rechtssammlung des 18. Jh. v. Chr. Die berühmteste Abschrift ist jene von König Hammurapi, die im 12. Jh. v. Chr. aus Babylon als Kriegsbeute nach Susa gebracht worden war und dort von französischen Ausgräbern gefunden wurde, die sie in den Louvre brachten. Einige Rechtssätze finden sich fast wörtlich auch in der Bibel.

neohethitisch

Bezieht sich auf eine Reihe von Stadtstaaten, die sich nach dem Zusammenbruch des hethitischen Grossreiches und vor dem Aufkommen der Neuassyrer von ca. 1200 bis 700 v. Chr. in Nordwestsyrien etablieren konnten. Sie waren teils luwisch, teils aramäisch geprägt.

Masada

Eine *mətsad* ist ein natürlicher Fluchtfelsen (vgl. 1Sam 24,1; Jer 33,16) oder eine gebaute Burg (1Chr 11,7; 112,17). Der grösste und am besten ausgebaute Fels dieser Art in der judäischen Wüste und Rückzugsort der radikalen Gruppe der Sikarier (Dolchleute) zur Zeit des Ersten Jüdischen Krieges wird bei Flavius Josephus gräzisiert zu Masada. Er wurde im modernen Israel zu einem Symbol militanten jüdischen Widerstandes.

Meder

Gegen Assur opponierendes Volk im Gebiet des Zagros, Kerngebiet des späteren Perserreiches.

Orakel

«Götterspruch», abgeleitet von lat. *orare*, «sprechen, beten». Der Spruch erfolgte als Antwort auf eine Befragung der Gottheit durch ein Medium, oftmals an einem bestimmten, heiligen Ort.

Orantenhaltung

Gebetshaltung mit über der Schulter ausgebreiteten Händen.

Pescher

Siehe unter ⟶ Pescher Habakuk (pHab) in Qumran.

platonisch

Die Philosophie Platons (428–348 v. Chr.) betreffend, der das rein geistige Reich der Ideen, an der die Seele Teil hat, der sinnlich wahrnehmbaren Welt gegenüberstellte, die voller Täuschungen sei.

Ptolemäer

Die auf Alexander den Grossen folgenden Herrscherfamilien in Ägypten mit Sitz in Alexandria.

Rezeption

«Aufnahme» eines Werkes nach dessen Erscheinen.

Schefela
Sanfthügelige Landschaft zwischen Küste und judäischem Bergland mit intensivem Anbau von Ölbäumen.

Sela
Ein Wort, das auch in 39 Psalmen vorkommt. Es scheint gliedernde Funktion zu haben. Vielleicht spielten an dieser Stelle nur die Instrumente oder es wurde ein Refrain gesungen oder die Gemeinde reagierte an dieser Stelle mit einer Akklamation oder einer Geste. Genaues ist nicht bekannt.

Seleukiden
Die auf Alexander den Grossen folgenden Herrscherfamilien in Syrien mit Sitz in Antiochia.

Septuaginta
Wörtlich «siebzig». Bezeichnung der griechischen Übersetzung der hebräischen Bibel, die im 3.-2. Jh. v. Chr. in Ägypten entstand. Nach legendarischer Überlieferung von siebzig Gelehrten unabhängig in übereinstimmendem Wortlaut übersetzt.

stoisch
Die Philosophie der Stoa betreffend, eine griechische Denkschule, die ca. 300 v. Chr. von Zenon begründet wurde. Sie geht von den Naturerscheinungen und den in ihnen waltenden universellen Prinzipien aus. Sie empfahl Gelassenheit und emotionale Selbstbeherrschung.

Subskript

Unterschrift im Sinne einer Überschrift, wie im Alten Orient üblich. So erscheint beispielsweise die Überschrift zu Gen 1 am Ende des Textes (Gen 2,4a): «Dies ist die Geschichte der Entstehung von Himmel und Erde, als sie geschaffen wurden.»

Theodizee

Die Rechtfertigung Gottes angesichts des leidenden Gerechten.

Theopoet

Im Gegensatz zur traditionellen, erläuternden und dozierenden Theologie beschäftigen sich Theopoetinnen und Theopoeten wie Dorothee Sölle oder Kurt Marti dichtend mit dem Göttlichen und knüpfen damit an biblische Vorbilder bei Propheten oder in den Psalmen an.

Tora

«Weisung, Gesetz»; die fünf Bücher Mose.

Uräus

Gräzisierte Version des ägyptischen *iaret*, «die sich Aufbäumende». Der Ausdruck bezieht sich auf die Speikobra (*Naja nigricollis*), das Symbol der Heiligkeit und Unnahbarkeit, meist an der Stirn ägyptischer Gottheiten.

Literaturverzeichnis

Zitierte Bibelausgaben

Bibel in gerechter Sprache, Gütersloh 2006.

Die Schrift. Aus dem Hebräischen verdeutscht von Martin Buber gemeinsam mit Franz Rosenzweig, Heidelberg 1958.

English Tanakh. The new JPS translation, Philadelphia 2000.

Septuaginta deutsch. Das griechische Alte Testament in deutscher Übersetzung, Stuttgart 2009.

The Hebrew Bible: A translation with commentary, by Robert Alter, New York 2018.

Zürcher Bibel, Zürich 2007 © Verlag der Zürcher Bibel beim Theologischen Verlag Zürich.

Neuere deutschsprachige Kommentare

Jeremias, Jörg, Habakuk, Biblischer Kommentar Altes Testament, Bd. 14,5,2, Göttingen 2022.

Fabry, Heinz-Josef, Habakuk/Obadja, Herders Theologischer Kommentar zum Alten Testament, Freiburg i. Br. u. a., 2018.

Dangl, Oskar, Das Buch Habakuk, Neuer Stuttgarter Kommentar AT 25,1, Stuttgart, 2014.

Dietrich, Walter, Nahum, Habakuk, Zefanja, Internationaler Exegetischer Kommentar zum Alten Testament, München 2014.

Perlitt, Lothar, Die Propheten Nahum, Habakuk, Zephanja, Das Alte Testament Deutsch 25/1, Göttingen 2004.

Seybold, Klaus, Nahum, Habakuk, Zephanja, Zürcher Bibelkommentare AT 24/2, Zürich 1991.

Verwendete Literatur

Acker, Nick Heath, How should the reader run? Implications of orality and textuality in the transmission and message of the Habakkuk tradition as seen in important witnesses to the text, Dissertation Irving (Texas) 2022.

Arendt, Hannah, Elemente und Ursprünge totaler Herrschaft, Frankfurt a. M. 1955.

Arendt, Hannah, Macht und Gewalt, München 1970.

Arendt, Hannah, Essays in understanding 1930–1954: formation, exile, and totalitarianism. New York 1994.

Arendt, Hannah, Eichmann in Jerusalem. Ein Bericht von der Banalität des Bösen, München 2004.

Balogh, Csaba, Tracing the pre-massoretic text of the book of Habakkuk: Sacra Scripta 17, 2019, 7–29. https://repo.proteo.hu/sites/repo.proteo.hu/files/documents/2019/2019-5792.pdf

Barthélemy, Dominique, Critique textuelle de l'ancien testament. Tome 3. Ézéchiel, Daniel et les 12 Prophètes, Freiburg CH/Göttingen 1992.

Bayat, Asef, Life as politics: How ordinary people change the Middle East, Stanford 2010.

Benedikt XVI., https://www.vatican.va/content/benedict-xvi/de/audiences/2008/documents/hf_ben-xvi_aud_20081119.html

Bosshard-Nepustil, Rezeptionen von Jesaja 1–39 im Zwölfprophetenbuch. Untersuchungen zur literarischen Verbindung von Prophetenbüchern in babylonischer und persischer Zeit, Freiburg CH/Göttingen 1997.

Chesney, Marc, Stopp. Gegen Kasino-Finanzwirtschaft und die Vermarktung der Natur, Neu-Isenburg 2025.

Da Riva, Rocío, Neo-Babylonian Monuments at Shir es-Sanam and Wadi es-Saba (North Lebanon): Wiener Zeitschrift für die Kunde des Morgenlandes 103, 2013, 87–100.

Dietrich, Walter, Habakuk – ein Jesajaschüler, in: H. M. Niemann u. a. (Hg.), Nachdenken über Israel, Frankfurt et al 1994, 197–215.

Ede, Franziska, Vom Prophetenbuch zum Prophetenpescher, Tübingen 2023.

Fabry, Heinz-Josef, Habakuk in der bildenden Kunst: Visionär, Ankläger Gottes und unermüdlicher Beter: Die Bibel in der Kunst 6, 2022, 144.

Fanon, Frantz, Die Verdammten dieser Erde, Frankfurt 1981 (Übersetzung der französischen Originalausgabe von 1961).

Felber, Stefan, Habakuks «Meisterspruch». Hab 2,4 in Exegese, Theologie und Übersetzung: Jahrbuch für evangelikale Theologie 29, 2015, 22–34.

Fried, Erich, Gesammelte Werke, Berlin 1999.

Gaß, Erasmus, Nebukadnezzar ante portas – Zu den babylonischen Interessen in der südlichen Levante: ZAW 128(2), 2016, 247–66.

Giesbrecht, Donovan, War ship, ice blocks and Mennonite COs: Mennonite Historian 29(3), 2003, 4.

Gillner, Matthias, Bartolomé de Las Casas und die Menschenrechte: Jahrbuch für Christliche Sozialwissenschaften 39, 1998, 143–160.

Henson, Joshua Bryan, To end in silence or song: The original inclusion of chapter 3 in the book of Habakkuk, Diss. The Southern Baptist Theological Seminary 2021.

Jurgen, Jeff, The politics of Non-Movement: The Hannah Arendt Center for politics and humanities 2013. https://hac.bard.edu/amor-mundi/the-politics-of-non-movement-2013-02-12

Keel, Othmar, Die Geschichte Jerusalems und die Entstehung des Monotheismus, Göttingen 2007.

Keel, Othmar, Seth-Baal und Seth-Baal-Jahwe – interkulturelle Ligaturen, in: G. Theissen et al. (ed.), Jerusalem und die Länder. Ikonographie – Topographie – Theologie. Festschrift für Max Küchler zum 65. Geburtstag, Novum Testamentum et Orbis Antiquus. Studien zur Umwelt des Neuen Testaments 70, Göttingen 2009, 87–107.

Kim, Jong-Hoon, Intentionale Varianten der Habakukzitate im Pesher Habakuk rezeptionsästhetisch untersucht: Biblica 88, 2007, 23–37.

Krüger, Thomas, Prophetie, Weisheit und religiöse Dichtung im Buch Habakuk, in: J. Krispenz (ed.), Scribes as sages and prophets, Berlin/Boston 2021, 99–116.

Kurth, Dieter, Edfou VI, Gladbeck 2014.

Kurth, Dieter, Treffpunkt der Götter. Inschriften aus dem Tempel des Horus von Edfu, Zürich/München 1994.

Lissovsky, Nurit, Hukkok, Yaquq and Habakkuk's Tomb: Changes over Time and Space: Palestine Exploration Quarterly 140 (2), 2008, 103–18.

Otto, Eckart, Die Theologie des Buches Habakuk: Vetus Testamentum 35, 1985, 274–95.

Pringle, Denys, The churches of the Crusader kingdom of Jerusalem. A corpus, 2 vols., Cambridge 1993 und 1998.

Richardson, Seth, Because empire means forever: Babylon and imperial disposition, in: R. Rollinger u. a. (Hg.), Short-term Empires in World History, Universal- und kulturhistorische Studien. Studies in Universal and Cultural History, Wiesbaden 2020, 167–87.

Schenker, Adrian, Nebukadnezzars Metamorphose vom Unterjocher zum Gottesknecht: Das Bild Nebukadnezzars und einige mit ihm zusammenhängende Unterschiede in den beiden Jeremia-Rezensionen: Revue Biblique 89, 1982, 498–527.

Sölle, Dorothee, Das Fenster der Verwundbarkeit. Theologisch-politische Texte, Stuttgart 1987.

Soroudi, S., Art. Ḥabaquq, Tomb of: Encyclopædia Iranica 11, 2015, 425.

Strunck, Christina, Berninis Löwengrube. Eine neue Deutung der Cappella Chigi in Santa Maria del Popolo, in: H. Baader u. a. (Hg.), Im Agon der Künste, München 2007, 415–50.

Watai, Yoko, The monuments of the Neo-Babylonian kings as an indication for their presence in the western territories of their empire: Studia Chaurensia 8, 2020, 149–165.

Weinstein, Moshe, The protest against imperialism in ancient Israelite prophecy, in: Sh. N. Eisenstadt (ed.), The origins and diversity of axial age civilizations, Albany 1986, 169–82.510–11.

Weippert, Manfred, Historisches Textbuch zum Alten Testament, Grundrisse zum Alten Testament 10, Göttingen 2010.
Young, Robert J. C., Frantz Fanon and Hannah Arendt: Anger and racism: The Comparatist 48, 2024, 164–176.
Zevit, Ziony, The Use of *ʿbd* as a diplomatic term in Jeremiah: Journal of Biblical Literature 88, 1969, 74–77.
Ziffer, Irit, From Acemhöyük to Megiddo: The banquet scene in the art of the Levant in the Second Millennium BCE: Tel Aviv 32(2), 2005, 133–167.

Bildnachweis

1a-b Umzeichnungen B. Seiss, verbessert von E. Tamir, in: Jonathan Ben-Dov, Neo-Babylonian rock reliefs and the Jewish literary imagination, in: J. Ben-Dov & F. Rojas, Afterlives of ancient rock-cut monuments in the Near East, Leiden/Boston 2021, Fig. 9.4 und 6. Mit freundlicher Genehmigung von Jonathan Ben-Dov.

2 The Trustees of the British Museum (BM 118907)

3 Paul E. Botta & Eugène Flandin, Monument de Ninive, Bd. 1: Architecture et sculpture, Paris 1849, pl. 77

4 The Trustees of the British Museum (BM 124801)

5 Umzeichnung: Naama Cohen nach W. M. F. Petrie, Beth-Pelet I (Tell Fara), London 1930, Pl. LV, in: Ido Koch, Goose keeping, elite emulation and egyptianized festing at Late Bronze Lachish: Tel Aviv 41, 2014, fig. 3. © The Institute of Archaeology of Tel Aviv University

6 Trustees of the British Museum (Papyrus Greenfield, EA 10554,57)

7 Umzeichnung: Hildi Keel-Leu nach Émile Chassinat, Le temple d'Edfou XIV, Pl. 585f, Le Caire 1928–34, in: AOBPs, Abb. 11

8 Umzeichnung: Hildi Keel-Leu nach A. H. Layard, The Monuments of Ninive from Drawings made on the spot, vol. II, London 1853, pl. 24, in: AOBPs, Abb. 11

9 Museo Egizio, Turin (C. 6237), Foto: Nicola Dell'Aquila

10 Othmar Keel, 700 Skarabäen und Verwandtes aus Palästina/Israel. Die Sammlung Keel, OBO. SA 39, Leuven et al 2020, 11, Nr. 23

11 Totenbuchprojekt Bonn, TM 134501, totenbuch.awk.nrw.de/objekt/tm134501 (Detail), Leiden (T3, AMS 40)

12 Wikimedia commons, © BishkekRocks
13 Trustees of the British Museum (BM (124820)
14 Trustees of the British Museum (BM 124920)
15 Urs Winter, Frau und Göttin. Exegetische und ikonografische Studien zum weiblichen Gottesbild im Alten Israel und in dessen Umwelt, Freiburg CH/Göttingen 1983, Abb. 270
16 IPIAO Nr. 984
17 IPIAO Nr. 1281
18 IPIAO Nr. 1280
19 IPIAO Nr. 902
20 IPIAO Nr. 612
21 IPIAO Nr. 611
22 Umzeichnung: Ewelina Langer nach dem Original, heute im Archäologischen Museum von Istanbul
23 Othmar Keel, Seth-Baal und Seth-Baal-Jahwe – interkulturelle Ligaturen, in: G. Theißen u. a. (Hg.), Jerusalem und die Länder, NTOA 70, Freiburg CH/Göttingen 2009, 87–107, Abb. 1–3
24 Zeichnung: H. J. Kantor, in: A. Vanel, L'iconografie du dieu de l'orage dans le proche-orient ancien jusqu'au VIIème siècle avant J.-C., Paris 1965, 73–74, Abb. 30
25 IPIAO Nr. 482
26 AOBPs Nr. 49
27 IPIAO Nr. 480
28 AOBPs Abb. 295
29 Umzeichnung: Christoph Uehlinger, in: O. Keel, M. Küchler, Chr. Uehlinger, Orte und Landschaften der Bibel. Ein Handbuch und Studienreiseführer zum Heiligen Land. Bd. 1: Geografisch-geschichtliche Landeskunde, Zürich u. a. 1984, 75, Abb. 22
30 IPIAO Nr. 1326
31a-b Wikimedia Commons, © Saliko & Peter1936F
32 Wiki Commons
33a-b Fotos: Thomas Staubli
34 Wikimedia Commons

AOBPs = Othmar Keel, Die Welt der altorientalischen Bildsymbolik am Beispiel der Psalmen, Zürich u. a. 1980^3

IPIAO = Schroer, Silvia & Keel, Othmar, 2005–18, Die Ikonographie Palästinas/Israels und der Alte Orient. Eine Religionsgeschichte in Bildern. Bände 1–4

Karte I: © Thomas Staubli

Abbildungen S. 8, 10, 32, 100, 112:
© GrandPalaisRmn (Musée d'archéologie nationale) / Mathieu Rabeau (MAN17698)

Abbildung im hinteren Innenumschlag:
Umzeichnung: Ewelina Langer nach dem Relief W640 im Antikenmuseum von Turin

Produktsicherheit

Hersteller:
TVZ Theologischer Verlag Zürich AG
Schaffhauserstr. 316, CH-8050 Zürich
info@tvz-verlag.ch

Verantwortlicher in der EU gemäss GPSR:
Brockhaus Kommissionsgeschäft GmbH
Kreidlerstr. 9, D-70806 Kornwestheim
info@brocom.de

Weitere Informationen bezüglich Produktsicherheit finden Sie unter:
www.tvz-verlag.ch/produktsicherheit